SIMEONE TACTICO

MANUEL OLMO

Olmo, Manuel

Simeone táctico - Manuel Olmo - 1a ed. - Ciudad Autónoma de Buenos Aires: LIBROFUTBOL.com, 2021.
188 páginas; 15,2 x 22,9 cm.

ISBN 978-987-8370-39-2

1. Fútbol. 2. Táctica.
CDD 796.334092

SIMEONE TÁCTICO
de Manuel Olmo

Diseño de cubierta: Luciano Medvetkin
Maquetación: Luciano Medvetkin
Foto del autor: © Manuel Olmo
Herramienta utilizada para el análisis: InStat

LIBROFUTBOL.com
Olga Cossettini 1112 - oficina 8F - Ciudad de Buenos Aires - Argentina

ediciones@librofutbol.com

+54 9 11 2215 1982

@librofutbol

1ª edición: septiembre 2021

ISBN 978-987-8370-39-2

ESQUEMAS HABITUALES DE DIEGO SIMEONE

1-3-5-2

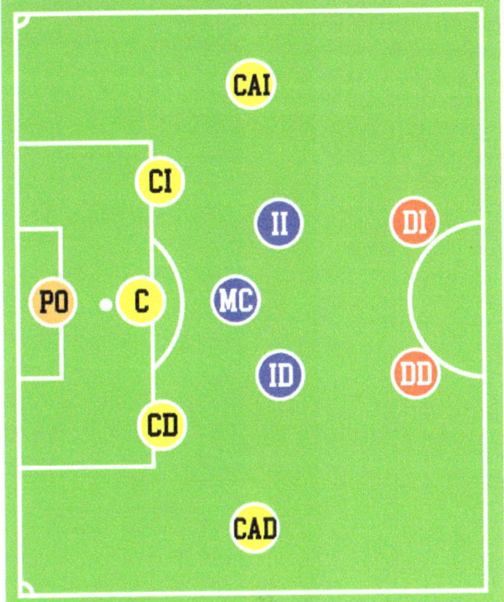

1-4-4-2

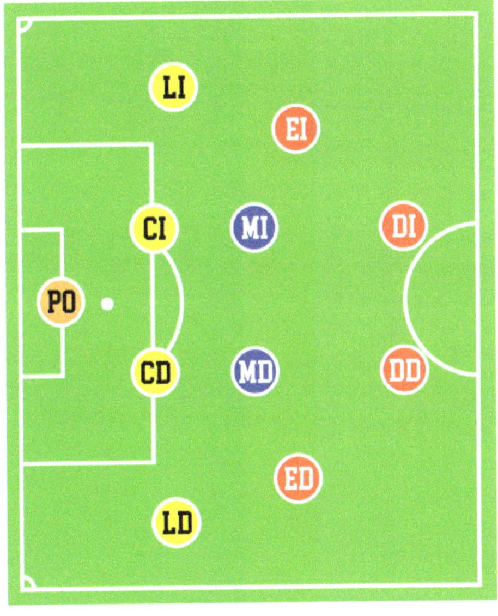

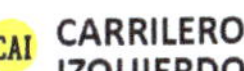

DELANTERO IZQUIERDO

ÍNDICE

PRÓLOGO

El liderazgo en la vida y en el fútbol ha cambiado. Quizás antes el entrenador, como figura autoritaria, simplemente necesitaba imponer el suficiente respeto y miedo para conseguir que sus futbolistas siguieran sus prefectos. Pero ahora esto no funciona. Actualmente los técnicos necesitan que sus futbolistas crean en ellos y en sus ideas. Sin fisuras. Porque dudar es comenzar a perder.

Consciente de esto, Diego Pablo Simeone ha sido capaz de simplificar, a partir de varias frases, un ideario que no solo le conecta a él con su plantilla sino también con todo el Atlético de Madrid. "El esfuerzo no se negocia". "Partido a partido". "No me gusta eso de 'El Pupas'. Estuve cinco años en el Atlético y ganamos tres torneos". "Para ser competitivos tenemos que jugar como podemos, no como queremos". "Que no nos confundan; si te gusta la 'pizza', no comas otra cosa". A partir de estos lemas, fáciles de entender, asimilar y repetir, Simeone logró mantener enfocados a los suyos. Creó un *leit-motiv*, justificó su estilo, limitó las expectativas e insufló una personalidad ganadora que parecía olvidada en el Paseo de los Melancólicos.

Esto era condición *sine qua non* para todo lo demás. Como ha dicho Simeone más de una vez: todos los entrenadores tienen mucho conocimiento, más o menos todos saben lo mismo, la diferencia está en la gestión de la plantilla. Una vez consiguió aquello de "los míos a morir, mueren", el Cholo tuvo pista libre para implantar su forma de sentir el fútbol.

A nivel táctico, Simeone fue un técnico muy cambiante hasta llegar al Vicente Calderón. Vimos esquemas de todo tipo y condición, con diferentes módulos en defensa y mucha versatilidad en su forma de utilizar a los de-

lanteros. Sin embargo, siempre ha querido atacar rápido, con pocos pases y asumiendo pocos riesgos. Simeone nunca ha querido facilitarle las cosas al rival. "Queremos ser incómodos", suele decir. Y eso empieza, irremediablemente, por tu forma de atacar. Porque en un partido no puedes decidir qué espacios atacas, pero sí qué espacios no dejas que te ataquen.

Sea como fuere, lo que ha llevado a Simeone a ser uno de los mejores entrenadores de la última década es su trabajo en fase defensiva. A menudo, desde muchos sectores, su labor se ha reducido a "regalar la pelota y echarse atrás", como si haciendo eso fuese suficiente para convertirte en la mejor defensa del fútbol europeo durante tantos años. Además de todo el trabajo emocional, porque la plantilla debe estar preparada para saber sufrir, está un concienzudo trabajo técnico sobre el que nunca se ha hecho especial hincapié. En lo colectivo resulta impresionante observar a su equipo basculando de lado a lado. No se abre una sola distancia, nadie se sale del patrón. No hay un solo jugador que salte cuando no debe o que no esté atento para corregir cualquier desequilibrio provocado por el adversario. Pero es que luego, en lo individual, hay una labor quirúrgica que solo pueden apreciar al completo los que conviven con él. Sus futbolistas siempre están bien perfilados sin balón, orientando al rival a que haga el pase que no quiere hacer; pero que, por desgracia para él, necesita dar para que la jugada no muera ahí.

Por eso la mayoría de los jugadores que han recibido y han pasado su examen inicial, el cual también se ha llevado por delante a muchos futbolistas con calidad, terminan siendo mejores de lo que eran. Por eso, a su vez, cuando uno de ellos sale afuera se da cuenta de que lejos del Cholo hace mucho frío. Porque Simeone mejora al futbolista, pero lo mejora para que este mejore a su equipo. Con Simeone no se pueden desligar a las partes del todo.

Sobre todo esto, con mucho más detalle y precisión, por supuesto, escribe Manuel Olmo en las siguientes páginas. Manuel no busca hacer lírica con el Cholo Simeone. De eso ya hay de sobra. Como buen entrenador, su intención en este libro es desgranar tácticamente, a partir de más de 50 situaciones de juego, los porqués de cómo el técnico argentino, partido a partido, le ha cambiado la historia al Atlético de Madrid.

Miguel Quintana

Periodista deportivo

INTRODUCCIÓN

Es para mí un enorme placer escribir este libro que habla de Diego Pablo Simeone desde un punto de vista exclusivamente táctico y de análisis. Desde que tengo uso de razón me empecé a enamorar por el fútbol y tenía claro que esta era mi pasión.

En contra de la pasión no se puede ir nunca, así que comencé muy joven a formarme como entrenador, analista táctico y *scout*. Cuando se me presentó este proyecto no lo dudé, ya que para mí es un reto más y un aprendizaje para seguir escalando a nivel personal y laboral. Así que me puse a trabajar en ello.

Para analizar a Simeone vamos a observar los comportamientos que más se repiten en sus equipos y las variantes tácticas en las distintas fases del juego. Todo ello lo veremos desgranado en diferentes situaciones que tienen lugar en ciertos contextos.

A pesar de que el fútbol se considera un proceso inseparable, es necesario dividirlo para poder analizarlo de mejor forma. Por lo tanto, nos detendremos en los cuatro momentos del juego (además de las acciones a balón parado) que existen en función de la situación del equipo respecto a la posesión del balón:

- ataque organizado. ¿Qué hace el equipo cuando tiene el balón?
- transición ataque-defensa. ¿Qué hace el equipo cuando lo pierde?
- defensa organizada. ¿Qué hace el equipo cuando no tiene el balón?

- transición defensa-ataque. ¿Qué hace el equipo cuando lo recupera?

Como he comentado, me gustaría destacar que es importante entender estas cuatro fases como un global, como algo único. Ya que la forma en la que un equipo ataque (es decir, en cómo se desordene para desordenar al contrario) tendrá su efecto en cómo va a defender a continuación.

Por ejemplo, si un conjunto pierde el balón en la zona de finalización, termina muchas jugadas y está en disposición de presionar arriba. Seguramente va a defender muy bien y lejos de su propia portería; en cambio, si un equipo comienza a perder la posesión en la salida o en la zona de creación, estando mal posicionado, va a sufrir mucho en la fase defensiva. Estos dos ejemplos son muy significativos y relacionan la importancia de atacar bien para, al mismo tiempo, defender bien.

CAPITULO 1

EVOLUCIÓN

"El fútbol evoluciona y esta evolución dependerá de los jugadores que tienes".

Cuando Simeone llegó al banquillo del Atlético de Madrid corrían tiempos difíciles, ya que el rumbo del club colchonero era cada vez peor y los aficionados estaban desilusionados. En la actualidad, el Atleti de Simeone es uno de los equipos más competitivos del panorama mundial.

Este capítulo se propone contrastar, a grandes rasgos, el 11 inicial del Cholo cuando arribó por llegó al club rojiblanco con el de la temporada 2020/21 (casi 10 años después), el cual se coronó campeón de Liga.

Thibaut Courtois y Jan Oblak. Dos porteros dominantes y de gran envergadura. En esta posición el Atlético suele estar bien cubierto.

Diego Godín y João Miranda eran dos centrales que dominaban el juego aéreo y con gran capacidad de anticipación. En la actualidad, Felipe, José María Giménez y Stegan Savić cumplen, salvando las diferencias, ese papel.

Juanfran y Filipe Luís, dos laterales con gran recorrido, velocidad, y golpeo de balón, desarrollaban una labor similar a la que hoy en día

ejercen Kieran Trippier y Renan Lodi. En este aspecto vamos a repasar lo que está suponiendo la inclusión de Mario Hermoso en el 11 inicial, ya que cambia muchas cosas a nivel táctico.

Tiago y Gabi eran los motores del equipo, los cerebros, quienes consiguieron reducir el espacio entre líneas. Sus labores eran fundamentales, como hoy ocurre con las de Koke, Saúl, Héctor Herrera, Geoffrey Kondogbia y Lucas Torreira. Con el paso del tiempo el plantel ha sumado más alternativas en esta posición, lo cual es muy interesante sobre todo desde el punto de vista táctico.

Diego Ribas y Arda Turan eran dos futbolistas de gran calidad, regate y buen pase; ambos partían desde la banda. Hoy en día con la presencia de Marcos Llorente partiendo desde la banda derecha, ha cambiado mucho el perfil de futbolista y la forma de atacar del equipo (lo profundizaremos en un capítulo más adelante). Por la izquierda es más frecuente que veamos un futbolista con mucha capacidad para hacer grandes esfuerzos, como es el caso de Yannick Ferreira Carrasco o Vitolo. También es habitual ver a Saúl por esta zona del campo. Las alternativas no son pocas.

Falcao y Adrián eran los atacantes allá por 2011, hoy lo son João Félix y Luis Suárez. Veremos también, con especial atención, la función del portugués haciendo referencia a los movimientos de los compañeros que le rodean, ya que está cambiando muchas cosas con su presencia en el campo.

Otras dos alternativas para Simeone en ataque son Ángel Correa, un jugador con desequilibrio y movilidad; y Thomas Lemar, un futbolista con gran calidad (como lo demostró en el AS Mónaco FC) que puede aportar mucho y sumar nuevas variantes.

Simeone es consciente de lo importante que es sacar el máximo rendimiento de cada uno de los miembros de su plantilla, y en ello trabaja. Si hacemos el ejercicio de comparar estos dos 11 tipo, es cierto que el del año 2011 no tiene nada que envidiar al actual si tenemos en cuenta el nivel de esos jugadores en aquel entonces. Sin embargo me gustaría destacar la profundidad de banquillo de la actual plantilla, que le ofrece una riqueza táctica necesaria para cambiar el rumbo de ciertos encuentros. Eso es, quizá, lo más destacable de la evolución del Atlético desde 2011.

El propio Simeone, al ser consultado sobre si se parecía en algo el Atlético de Madrid campeón de Liga en 2014 con el de la temporada 2020/21, dijo que no se asemejaba en nada. Esta respuesta la considero positiva, ya que para seguir ganando es necesario renovarse y no estancarse, para seguir sorprendiendo a los adversarios. Seguramente el Cholo no las quiera comparar porque con los años la plantilla ha ganado muchas más variantes, que son necesarias en un fútbol en el que todos conocen a la perfección a sus oponentes y es importante tener diferentes planes de actuación.

¿PUNTOS DE INFLEXIÓN?

Para que existan cambios a nivel colectivo también es fundamental que haya cambios en el rol de ciertos jugadores que provoquen un mayor rendimiento. En este aspecto vamos a analizar la evolución de João Félix, Marcos Llorente, Mario Hermoso y Yannick Carrasco. Hay muchos más futbolistas que se podrían destacar, pero todos tendrán su protagonismo durante el libro.

Como dice Miguel Quintana en el prólogo, Simeone mejora al futbolista y este, a su vez, al equipo.

JOÃO FÉLIX ANTE EL LEIPZIG – ESPACIO LIBRE, CONDUCCIÓN Y PARED

Es evidente que se trata de un jugador de un talento diferencial. El Atlético se hizo con sus servicios tras una gran inversión y en su segunda temporada comenzó a observarse un gran avance en su rendimiento. No es de extrañar, ya que los nuevos fichajes de Simeone suelen necesitar de un tiempo de adaptación a sus ideas.

En el partido de cuartos de final de la Champions League contra el Leipzig se pudo ver un equipo diferente sin el portugués que con él en el campo. El Atleti no estaba encontrando el camino al gol y no se sen-

tía cómodo hasta el minuto 58, cuando Simeone decidió dar entrada a Félix (7). El ex Benfica empezó a conectar mucho con el balón, a sentirse importante y a aglutinar juego como a él le gusta. Generalmente partiendo desde la banda izquierda, como se puede ver en la imagen 1.

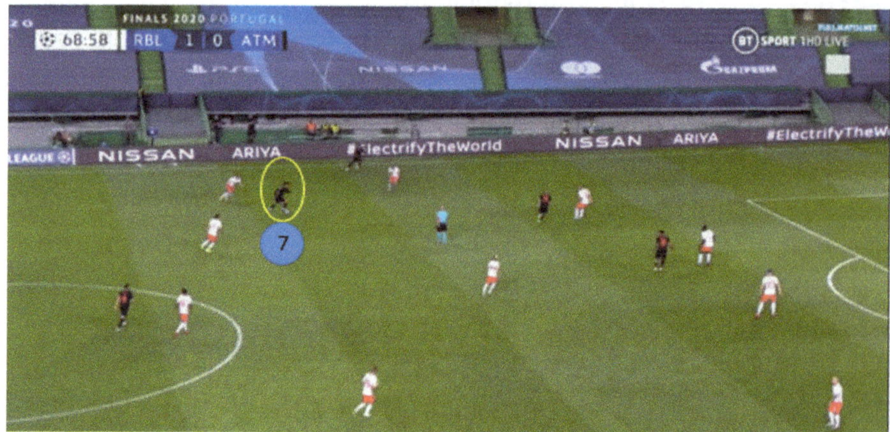

Imagen 1.

Una vez que el joven portugués (7) ha recibido el balón en ventaja, las posibilidades de gol crecen exponencialmente debido a su aptitud para asociarse con sus compañeros y para superar líneas de presión mediante el pase o la conducción.

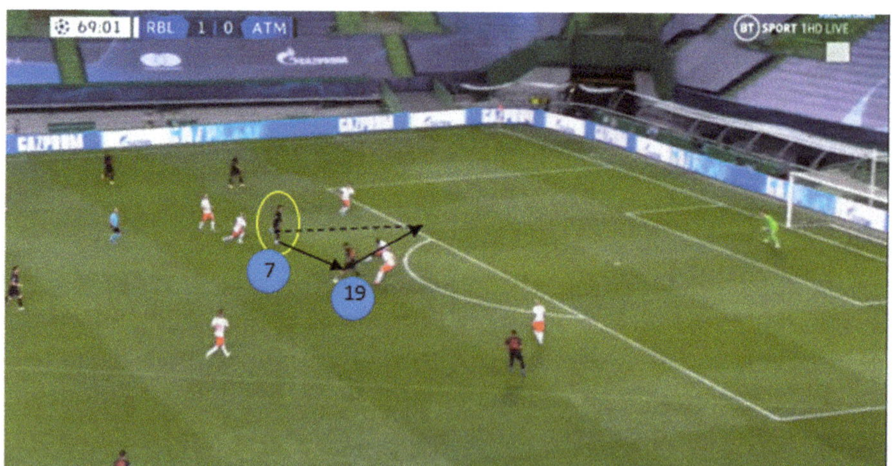

Imagen 2.

Las imágenes (1 y 2) son consecutivas y muestran la zona donde João (7) suele recibir el balón para hacer la diferencia. En esta situación fue capaz de batir la línea de centrocampistas y defensas rivales con una buena conducción y con una gran pared con el delantero centro, Diego Costa (19). Un Costa que, como vemos en la acción, atrae a dos adversarios y pone el balón en ventaja para sus compañeros.

Esta acción acabó con el empate parcial del Atlético tras un penalti convertido por el propio João Félix (7).

MARCOS LLORENTE EN ANFIELD - PROFUNDIDAD Y DESMARQUES DE RUPTURA

Mención aparte merecen los cambios que se han producido en el Atlético de Madrid tras aquel partido en Anfield. Mérito de Llorente pero también de Simeone. Convertir a un jugador que se presuponía de corte defensivo, como lo demostró en el Alavés, en un atacante de gran nivel, solo se le habría ocurrido al técnico argentino.

Su actuación, con dos goles y una asistencia, en Anfield tras sustituir a Diego Costa, ha sido un punto de inflexión a lo grande. Aquel día Llorente también demostró que puede aportar muchas cosas partiendo como delantero o centrocampista por la banda derecha. Ya lo analizaremos más adelante, pero era importante recordar esta jugada maestra que Simeone se sacó de la chistera.

Transcurría el minuto 56 de partido en Anfield con el resultado 1-0 favorable para el Liverpool y con el global empatado a uno. En ese preciso momento Llorente sustituyó a Costa. Cualquier aficionado,

seguramente, habrá pensado que era un cambio defensivo, ya que el dominio del Liverpool estaba siendo bastante notable y se presumía complicado que los colchoneros pudieran aguantar la avalancha. Pero no fue así.

Repasemos los tres goles que resultaron definitivos para la clasificación del Atlético a la siguiente ronda, eliminando al vigente campeón de ese momento. Tres goles que, para hacer un breve resumen, vienen de transiciones defensa-ataque en las que Llorente es un actor principal, sea anotando o asistiendo.

Gol de Marcos Llorente (1-2)

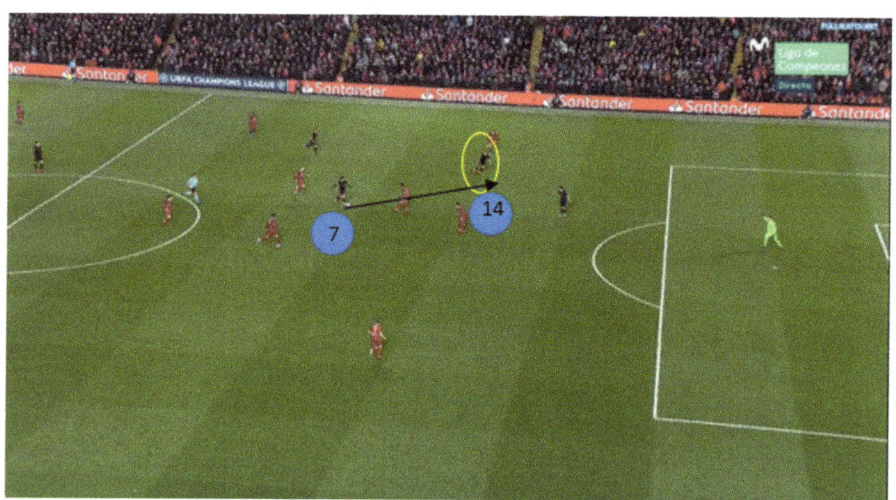

Imagen 3.

Tras una pérdida de balón en el mediocampo del Liverpool, producto de un defectuoso despeje del portero, João Félix (7) tiene tiempo para pensar y elige la mejor opción que no es otra que encontrar a Marcos Llorente (14) a la espalda de la defensa contraria (imagen 3). Esta posición del español como delantero, ante un rival que dejaba espacios a su espalda, fue un constante quebradero de cabeza para los de Klopp. Tanto es así que es la principal razón por la que el conjunto inglés cayó eliminado.

Gol de Marcos Llorente (2-2)

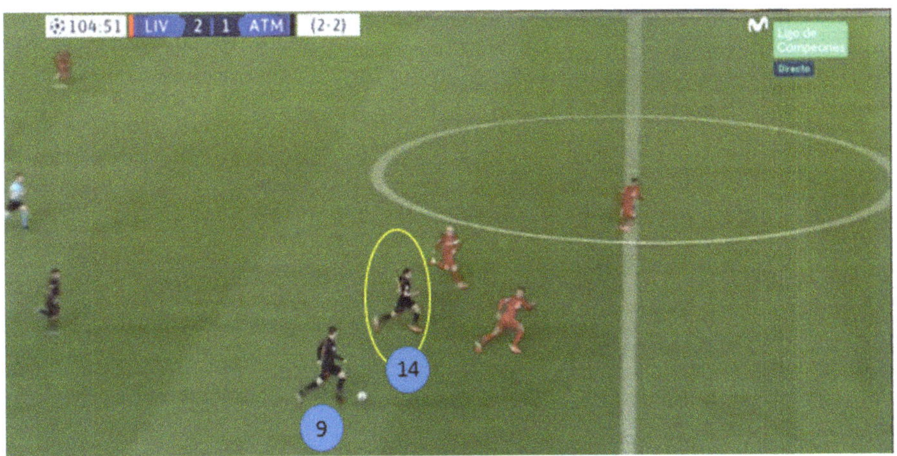

Imagen 4.

Otra transición defensa-ataque del Atlético, en este caso en un tres contra tres (imagen 4). Álvaro Morata (9) es quien conduce y Llorente (14) es quien estira a la defensa contraria. Finalmente, el delantero centro (9)consiguió conectar en la frontal del área con Llorente, que con una genialidad hizo el resto.

Gol de Morata tras asistencia de Marcos Llorente (3-2)

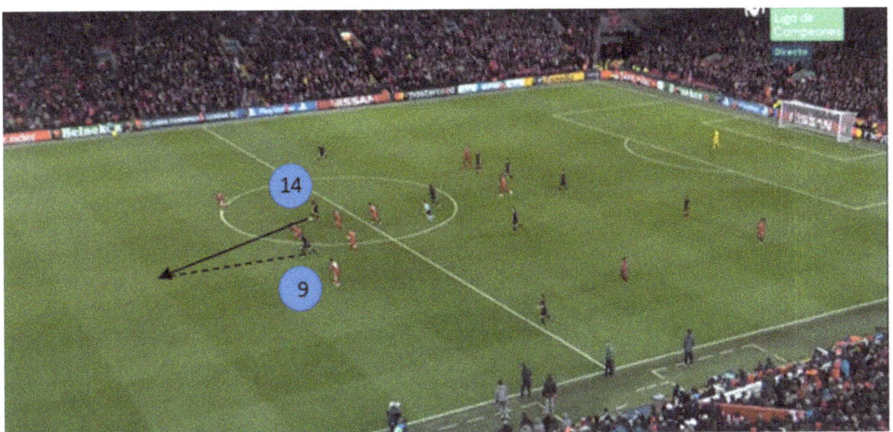

Imagen 5.

En el descuento y con el Liverpool volcado al ataque, Llorente (14) y Morata (9), que estaban descolgados para un posible contraataque, hicieron el definitivo 3-2 global (imagen 5). En esta acción se intercambiaron los papeles, pero eso no es ninguna sorpresa. Además de tener una gran condición física, Llorente es un excelente futbolista en lo táctico y en lo técnico. Hasta ese día su posición más habitual era la de mediocentro de contención, pero a partir de ahí, pasó a ser una pieza clave del ataque.

MARIO HERMOSO – SALIDA DE BALÓN, VIGILANCIAS Y SUPERIORIDAD NUMÉRICA

Además de ayudar a que el equipo progrese con balón, Hermoso se desenvuelve bien en escenarios de presión pospérdida y transición defensiva, algo clave para un central de un equipo que trata de tener el balón. Con un físico muy ágil, veloz y con capacidad de aceleración, Hermoso destaca en dos aspectos dentro de este contexto: sabe medir muy bien cuándo ir a la anticipación para luego imponerse y tiene aptitud para la corrección en espacios largos a campo abierto. Estamos hablando de un defensor que es clave en los procesos ofensivos y que, a la vez, evita que los riegos asumidos por el equipo no tengan un peaje en la fase defensiva.

También es un jugador polivalente y que se puede adaptar a jugar como defensa central en una línea de cuatro, como defensa central en una línea de tres y como lateral izquierdo. A lo largo del libro veremos su importancia en todos los momentos del juego y las variantes que ofrece su polifuncionalidad.

Imagen 6.

Imagen 7.

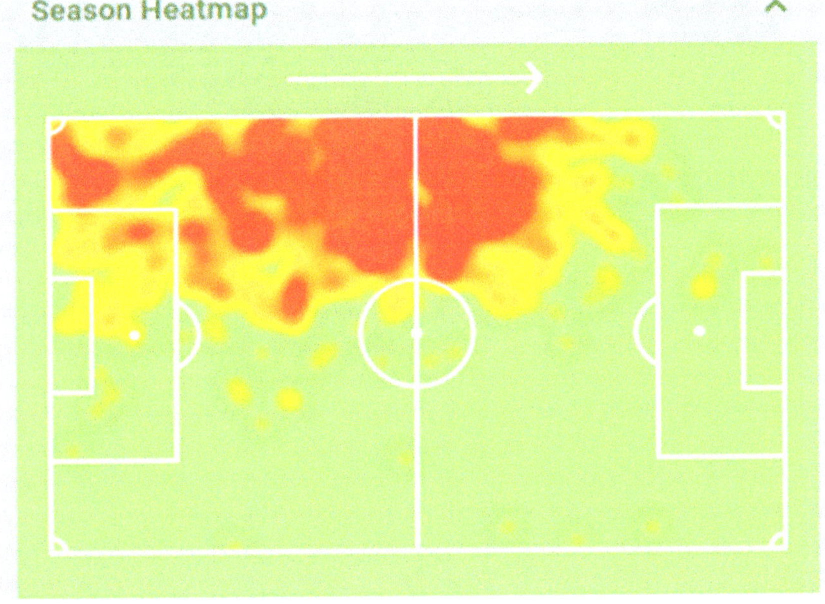

Imagen 8.

Como muestran los mapas de calor de SofaScore (imágenes 6, 7 y 8), lo ideal es que Mario Hermoso tenga mucha influencia en campo contrario o cerca de él. Eso significará que el Atlético está consiguiendo presionar arriba, recuperar el balón rápidamente y tener un buen porcentaje de posesión en campo contrario. Ante el Cádiz se pudo ver más de esa situación que ante el Barcelona; lo que es lógico, considerando la forma de jugar de ambos conjuntos.

YANNICK CARRASCO – PROFUNDIDAD, AMPLITUD Y AYUDAS DEFENSIVAS

Simeone ha probado como carrileros por banda izquierda a muchos futbolistas (Carrasco, Vitolo, Saúl, Lodi y Lemar, entre otros). En fase defensiva ese futbolista actúa como un defensor más, pero en ataque se comporta como si de un extremo se tratara.

Imagen 9.

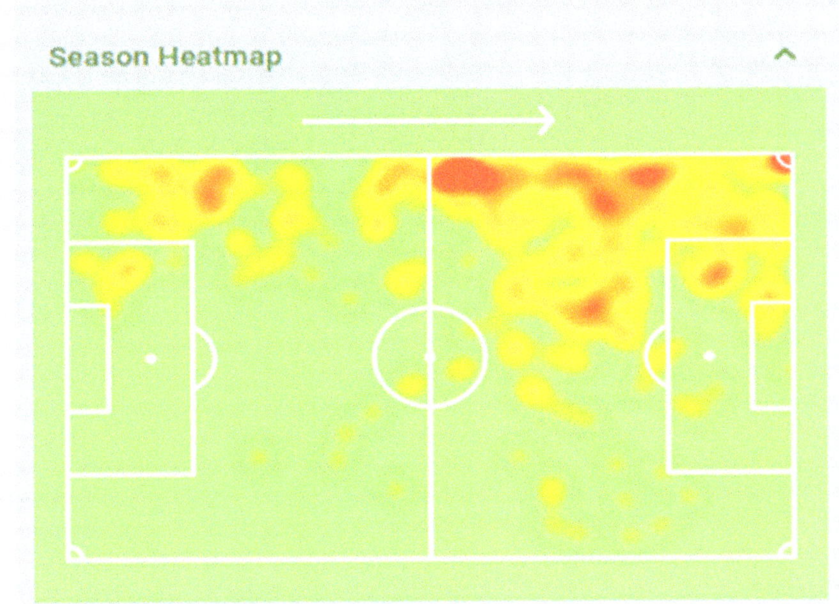

Imagen 10.

Ante el Barcelona, Carrasco disputó un gran encuentro en el que fue su primer partido como titular de carrilero en este Atlético de Madrid. Como indican los mapas de calor del partido ante el conjunto catalán (imagen 9 ante el Barcelona; imagen 10 mapa de la temporada), Carrasco se mueve principalmente por la banda en su nueva disposición, aunque también se adentre en el área cuando la jugada sea propicia para ello.

En los mapas también suele aparecer mucho por zonas intermedias, ya que también puede jugar como extremo por delante de Lodi y en esos casos es común que caiga hacia adentro para dejarle un espacio libre al lateral brasileño. Además, es habitual que Carrasco abandone la banda en ataque posicional para dejar un lugar que pueda aprovechar João Félix. Todos estos movimientos son habituales en este Atlético, pero donde más influencia con balón tiene Carrasco es por la banda.

CAPITULO 2

MODELO DE JUEGO

> "El modelo de juego debe servir para complicar la incertidumbre del rival y simplificársela a tu equipo".

El fútbol es un juego con multitud de factores y es imposible ccontrolarlos todos. A pesar de esto, sí es posible dotar al equipo de ciertos comportamientos y brindarles a los jugadores las herramientas correctas para que sean capaces de anticiparse a situaciones que pueden acontecer en el trascurso de un partido.

Para que todo movimiento táctico (tanto defensivo como ofensivo) sea eficaz, además del componente físico-técnico, debe ejecutarse cuando se den las condiciones apropiadas del juego:

- en cuanto a lugar del campo y situación de jugadores (conveniencia).
- en el momento adecuado (oportunidad).

ORGANIZACIÓN OFENSIVA

Principios tácticos clave de los equipos de Simeone

Ayudas permanentes al poseedor del balón: consiste en dar soluciones favorables al portador del esférico, lo que puede ser mediante apoyos y desmarques. Es un principio importante para progresar en el juego hacia la zona de finalización con las mayores chances de gol posibles.

Amplitud: hacer que el equipo esté ocupando todo el ancho del campo. Generalmente, la aplicación de este principio es responsabilidad de los carrileros. Aunque también puede ser de los laterales o de los extremos cuando el Atlético juega con defensa de cuatro.

Cambio de orientación: para aprovechar el principio de la amplitud vemos cambios de orientación y una circulación de un lado a otro. El movimiento de balón de una banda a la otra es fundamental para descolocar a la defensa adversaria.

Espacio libre: aprovechamiento del lugar libre que deje un jugador. Este principio era muy común con el sistema 4-4-2, con un futbolista de banda que se metía hacia el centro del campo y dejaba ese espacio para la incorporación del lateral. Pero no por ello deja de ser muy habitual sea cual sea el sistema de juego. Por ejemplo, el Atlético cumple con esta premisa para buscar un sitio donde João Félix pueda entrar en contacto con el balón.

Para que se ejecute este principio de manera eficaz, deben existir las siguientes tres fases:

- creación de un espacio libre.
- ocupación del espacio libre por otro futbolista.
- aprovechamiento de ese espacio libre si el balón llega en las debidas condiciones al jugador que fue a ese lugar.

Desdoblamiento: intercambio de posición y, por tanto, de rol de dos o más jugadores de la misma o de distinta línea, provocado por el abandono de posición para ir al ataque sin perder la ocupación racional del terreno de juego. Al igual que comentamos anteriormente, este principio era muy fácil de observar con el sistema de juego 1-4-4-2 cuando un centrocampista de banda abandonaba dicha posición y el lateral se incorporaba al ataque.

Profundidad: para lograrla es muy importante la movilidad de los dos delanteros, ya que mediante desmarques de ruptura obligan al rival a replegar y crean más huecos en la defensa para llegar a la zona de finalización. En ocasiones, cuando un delantero realiza una carrera al espacio, el otro aprovecha ese espacio generado para recibir balón. Este principio aparece con más frecuencia cuando Llorente parte desde la línea de centrocampistas y ataca con desmarques de ruptura hacia la zona entre el lateral y el central oponente.

Tercer hombre: el objetivo es crear una superioridad posicional, atraer jugadores por medio de la utilización del balón. Se trata de buscar a aquellos jugadores alejados que jueguen de cara a través de un tercer futbolista que aparezca sin haber captado la atención del contrario y que le haya ganado la posición.

Vigilancias: posicionamiento que ocupan ciertos jugadores, previniendo posibles acciones ofensivas del oponente.

Equilibrio: la distancia adecuada entre líneas y/o jugadores de una misma línea para realizar con éxito las distintas acciones técnico-tácticas ofensivas. Es un principio muy importante y que tendrá una especial referencia en la fase defensiva del juego, aunque también es fundamental que se cumpla en ataque para que el equipo quede bien parado en caso de una posible pérdida de balón.

Errores frecuentes:

1. Falta de profundidad en ciertas ocasiones en las que los atacantes no coordinan sus movimientos de manera adecuada.

2. En ciertos momentos se concentra mucho el juego por un lado del campo, por lo que se debería dar mayor amplitud al campo y atreverse a realizar más cambios de orientación.

TRANSICION ATAQUE-DEFENSA

- Los futbolistas más cercanos al balón realizan una presión tras pérdida que tiene como finalidad, principal, recuperar el balón lo más cerca posible de la portería rival. En los partidos que el Atlético trata de dominar es muy importante que se produzcan quites en poco espacio de tiempo, ya que si los de Simeone tienen que correr hacia atrás, en muchas ocasiones dejan de tener el dominio del partido.

- En caso de que el contrario supere la primera línea de presión, inmediatamente repliega todo el equipo y se aplica una temporización defensiva.

- Se pretende mantener el equilibrio en todo momento, tanto en ataque como en defensa; para que en caso de que en una transición defensiva no haya espacio entre líneas, que el rival pueda aprovechar para conectar pases y progresar.

- En este tipo de acciones es muy importante tener en cuenta la lectura táctica de los jugadores cercanos al balón. Ellos valorarán, considerando la situación de todos los futbolistas en el terreno de juego, si es mejor anticipar o temporizar. Veremos situaciones de ambos tipos.

Errores frecuentes:

1. Espacio que deja el lateral después de haberse incorporado al ataque. Este error es más palpable con defensa de cuatro; ya que en el nuevo sistema con tres centrales, Hermoso y Savić corrigen muy bien estas situaciones.

2. Espacio que deja el extremo, que también tendrá que recuperar su posición. Veremos en este aspecto cómo reaccionan los futbolistas como Llorente y Carrasco en esta fase. Este problema, al igual que en el ejemplo anterior, es mucho más común con defensa de cuatro.

3. Igualdad numérica en el ataque adversario con respecto a los defensores del Atlético. Será difícil de defender y tendrán que existir ayudas de los centrocampistas.

ORGANIZACIÓN DEFENSIVA

Principios tácticos clave de los equipos de Simeone:

- **Marcaje zonal:** lo que significa que cada jugador tiene asignado un sector del terreno de juego en el cual defenderá a aquel adversario que entre en él, mientras que lo dejará de perseguir cuando salga del mismo. El equipo ocupa y mantiene un bloque defensivo entre el balón y la portería. La colocación de los jugadores se modifica en función del lugar en el que se encuentra la pelota. La zona presenta varias líneas escalonadas para obstruir el desarrollo de las jugadas del contrario. A nivel defensivo establece un principio de solidaridad, ya que existen coberturas; no se abandona el puesto habitual y se aplica el principio de la anticipación e interceptación. Los espacios que se ocupan son peligrosos, obligando al oponente a desarrollar su juego en sectores relativamente alejados de la portería. Para este tipo de marcaje resulta importante reducir las zonas a lugares pequeños.

- **Equilibrio:** establecer poca distancia entre líneas para dejar pocos espacios al rival y que no ataque con facilidad.

- **Basculación:** movimiento del equipo en bloque a lo ancho del campo para dejar los mínimos espacios al contrario. En este sentido, el trabajo de tres centrocampistas es mayor a cuando hay cuatro (obviamente, todo sistema tiene sus pros y sus contras).

- **Coberturas y permutas:** movimientos que deben estar sistematizados entre todos los futbolistas para que en cuanto el rival supere a un jugador, inmediatamente, llegue la ayuda de un compañero. Así, el oponente no puede salir cómodo después de ganar un duelo individual.

- **Repliegue:** acción que se realiza cuando tras una pérdida de balón, el rival ha superado la primera línea de presión. Todos los jugadores tienen que ocupar posiciones defensivas retrasadas en bloque para no dejar espacios a la espalda de la defensa.

- ***Pressing*:** acción que se realiza sobre uno o varios adversarios con mucha intensidad para no dejarles ninguna libertad de ac-

ción. Veremos en la práctica dos tipos de presiones diferentes muy habituales.

- **Vigilancia:** la realizan los defensores sobre los rivales cuando no se manifiesta ningún tipo de marcaje.
- **Temporización defensiva:** se efectúa con el objetivo de obtener ventaja sobre el adversario en un determinado lugar del terreno de juego, esperando el momento apropiado para realizar la oportuna acción defensiva.

Errores frecuentes:

1. Espacio entre el lateral y el central: zona de peligro que se debe compensar con la cobertura del jugador que esté más cerca. Es un problema que con el sistema de tres centrales se ve reducido en gran medida.
2. Poca compenetración entre dos futbolistas que en acciones no se encuentran escalonados y eso genera problemas, ya que así es más complicado realizar coberturas.
3. Gran responsabilidad en la presión de ambos delanteros, que a veces no les permite estar bien posicionados cuando el equipo recupera el balón.
4. Superioridad en banda de un contrario que juega con laterales y extremos cuando el Atlético utiliza una defensa de tres. Esto se puede ver compensado con la ayuda del mediocentro y el buen hacer de Hermoso y Savić, generalmente los centrales exteriores, pero requiere de mucha exigencia física.

TRANSICION DEFENSA-ATAQUE

- Se lanza un contraataque si se recupera balón en campo propio y el oponente está en posiciones avanzadas. Para ello los atacantes tienen que realizar desmarques de ruptura para darle profundidad al equipo. Si no se producen estos movimientos, no quedará más remedio que asegurar la posesión del balón.

- Si se recupera balón y no existen espacios para contraatacar, porque el rival está bien posicionado, se intenta mantener la posesión del balón mediante un primer pase de seguridad para, a partir de ahí, construir un ataque organizado.
- Lo ideal es que se recupere el balón en campo contrario, ya que hay muchos jugadores del Atlético que no se desenvuelven especialmente bien en los contraataques; por lo tanto es preferible realizar un avance directo en pequeños espacios que a campo abierto, donde la defensa suele ser más veloz, y así lograr corregir este tipo de situaciones.

Errores frecuentes:

1. Delanteros mal posicionados y que no dan la opción de realizar un contraataque porque no realizan desmarques.
2. Falta de profundidad por parte de ciertos futbolistas debido a sus características físicas.
3. Mala interpretación de la jugada; es decir, precipitación cuando no es efectivo contraatacar sino que se debería dar un pase de seguridad y no perder el balón.

CAPITULO 3

SISTEMAS DE JUEGO

> "El sistema de juego debe ser flexible y no al revés, esclavizando al colectivo y limitando en exceso el juego de muchos jugadores".

Encasillar a un equipo en un esquema es impreciso, por lo que este capítulo repasa y analiza los sistemas de juego que más se han podido observar en los últimos años del Atleti de Simeone. Y, además, con un breve comentario sobre el porqué. ¿Por qué se utiliza ese sistema en ese momento concreto? Entendiendo por momento a la cantidad de variantes para tener en cuenta:

1. Con o sin balón.
2. Características de los futbolistas.
3. Contexto: rival, resultado, momento de la temporada, etc.

4-4-2

Imagen 11.

Este sistema ha sido el más utilizado en la etapa de Simeone como entrenador del Atlético y, de hecho, el 4-4-2 siempre se asocia a él. Pero esto ha cambiado y en esta evolución del Cholo encontramos muchas más alternativas.

Como se aprecia en la imagen 11, el Atlético está dispuesto sobre el campo en un 4-4-2. Este sistema permite una distribución racional del terreno de juego y, también, llevar a cabo una defensa equilibrada.

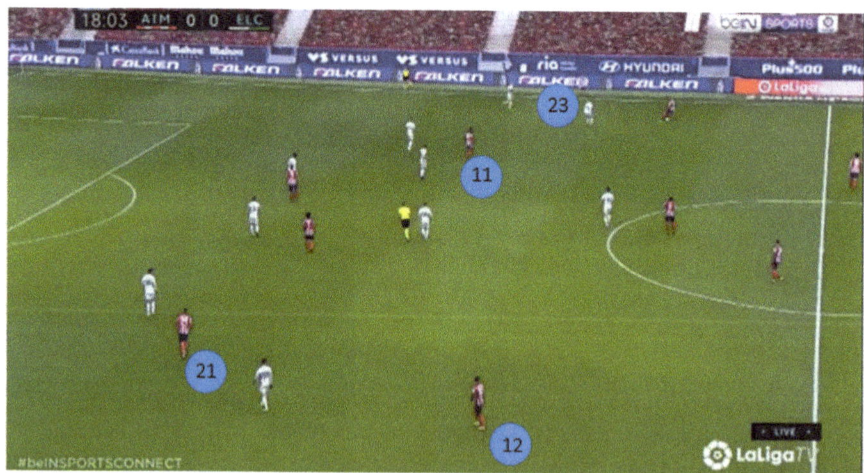

Imagen 12.

En cambio, en ataque este sistema presenta muchas variantes. En la imagen 12 se puede ver cómo los extremos Carrasco (21) y Lemar (11) abandonan la banda para dejar ese espacio en amplitud a los laterales Lodi (12) y Trippier (23), respectivamente.

4-3-2-1

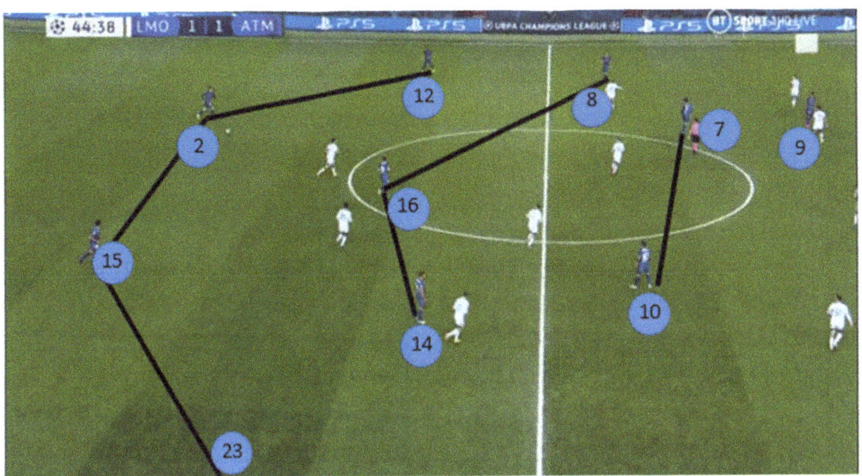

Imagen 13.

También hemos podido presenciar un 4-3-2-1 (imagen 13). Este es un sistema del que no se habla mucho y que podemos describir vulgarmente como el árbol de navidad.

- Defensa de cuatro con Lodi (12) y Trippier (23) dando amplitud.
- Héctor Herrera (16) como mediocentro en el medio de dos futbolistas con mucho recorrido como Saúl (8) y Llorente (14).
- João Félix (7) y Ángel Correa (10) como mediapuntas.
- Luis Suárez (9) como futbolista más adelantado fijando centrales.

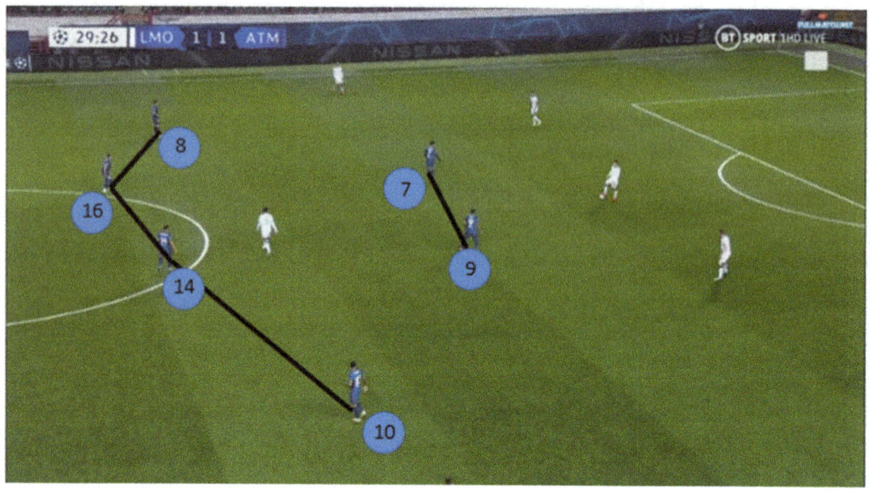

Imagen 14.

Aun así, este sistema en defensa suele transformarse en un 4-4-2, con el que el Atlético se encuentra más cómodo a la hora de defender. En ese partido (imagen 14), Correa (10) pasaba a defender la banda derecha, mientras que Saúl (8) hacia lo propio en la izquierda. Es importante tener en cuenta que, incluso en un mismo encuentro, es habitual que el sistema varíe en la fase ofensiva y en la defensiva.

¿Por qué se produce este cambio de sistema?

- En ataque, Correa (10) se adentra en posiciones mas centradas para entrar en contacto con el balón y dejar ese espacio libre a un Trippier (lateral derecho) que se incorpora muy bien al ataque. Saúl (8) hace lo mismo dejando espacio para la incorporación de Lodi (lateral izquierdo).
- Saúl (8) y Llorente (14) actúan como interiores con mucha llegada, sabiendo que su espalda está bien cubierta por Herrera (16).
- En defensa, el Atlético de Simeone se predispone en un 4-4-2 que le permite ocupar mejor los espacios.

4-3-1-2

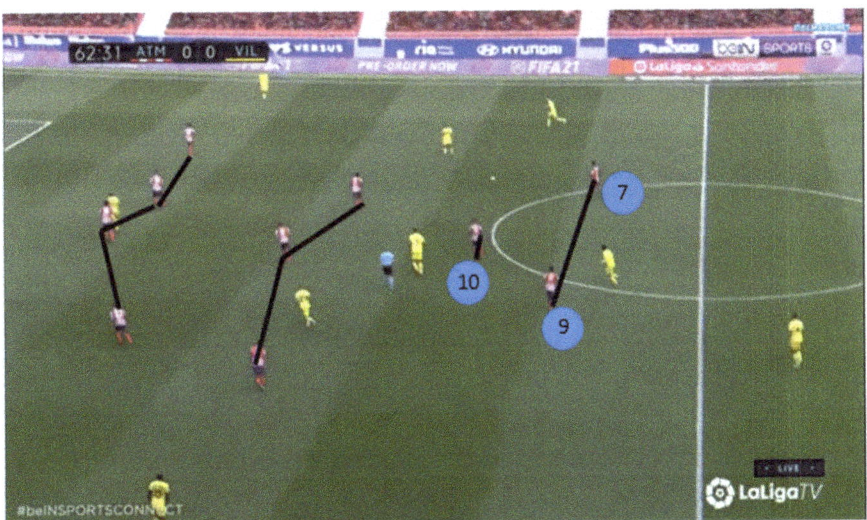

Imagen 15.

Una disposición similar a la que hemos visto anteriormente (imagen 15). Al intentar encajar piezas, Simeone dispuso a su equipo en un 4-3-1-2 con Correa (10) como mediapunta. En ataque, este sistema presenta muchas similitudes a las del 4-3-2-1; ya que Félix (7), en muchas ocasiones, debido a sus movimientos para entrar en contacto con el balón, también podía compartir altura con el argentino.

Pero la diferencia más significativa está en el aspecto defensivo, ya que como se aprecia en la imagen anterior Correa quedaba a diferente altura de los otros centrocampistas, ya que Correa quedaba en soledad por delante de los tres mediocampistas. Se trata de otra variante que hace imprevisible al Atlético de Madrid de Simeone.

5-3-2 EN DEFENSA Y 3-5-2 O 3-4-3 EN ATAQUE

Por último, es importante hablar de una de las novedades de Diego Pablo Simeone más resonantes y de más impacto en el equipo.

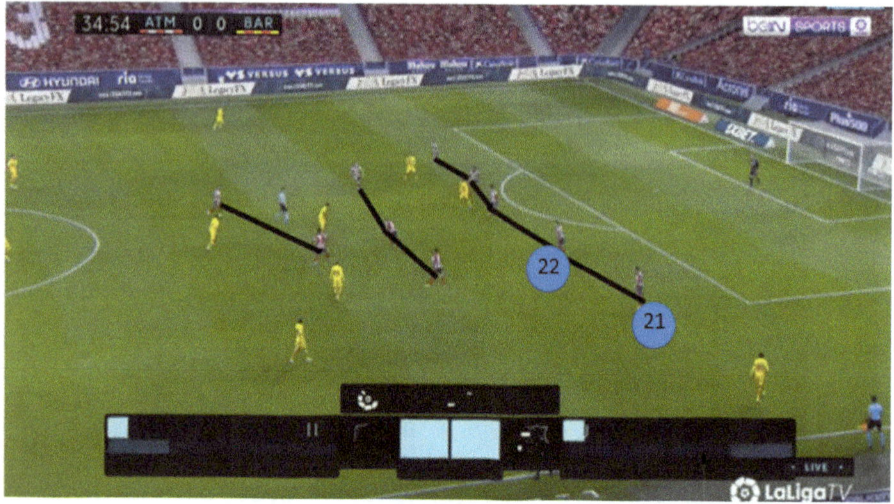

Imagen 16.

Vemos un 5-3-2 en fase defensiva (imagen 16), cuando Hermoso (22) hace de tercer central y Carrasco (21) se encuentra a cargo de toda la banda. Dentro de este sistema también hay matices, ya que como carrilero izquierdo también han jugado otros futbolistas; son los casos de Vitolo, Saúl, Lodi y Lemar. ¿Qué características tiene cada uno como para hacer valiosas las variantes?

- Vitolo y Carrasco ofrecen más velocidad y presencia en ataque.
- Saúl, Lodi y Lemar son jugadores a perfil natural que ofrecen un buen trato de balón.

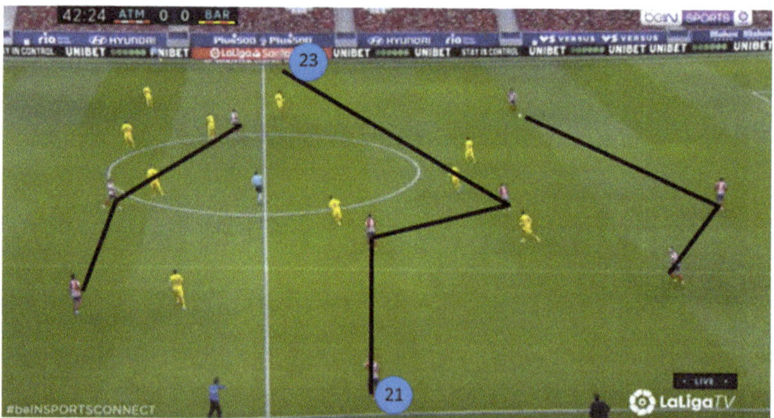

Imagen 17.

En fase ofensiva (imagen 17), a partir de la incorporación de Carrasco (21, carrilero izquierdo) y Trippier (23, carrilero derecho); como también del comportamiento de Llorente, que ataca la profundidad y se descuelga; en la imagen 16 podemos ver una especie de 3-4-3 con muchas variantes.

Ese dibujo es el que más identifica al Atlético en ataque, aunque también puede ser señalado como un 3-5-2. Tal y como se aprecia a continuación (imagen 18).

Imagen 18.

Esto depende de cómo se interprete la posición de Llorente (14); ya que parte del centro del campo, tanto en la fase defensiva como en la ofensiva se sitúa como un atacante más (imagen 18). Comparando las imágenes se aprecia cómo varía el sistema del Atlético dependiendo de si tiene o no el balón.

Para entender las distintas posiblidades que ofrecen los equipos de Simeone para esta disposición, conviene repasar un encuentro concreto que lo refleja. Fue ante el Valencia en la temporada 2020/21, Lodi (12) fue titular como carrilero izquierdo y se desempeñó allí en la primera parte. Cumplió un papel muy similar al de Carrasco ante el Barcelona, por ejemplo, pero en el descanso fue sustituido y Lemar pasó a ocupar esa posición. Esto sí que cambió un poco al equipo a nivel defensivo, ya que no es el mismo perfil de futbolista.

Esos pocos minutos que el ex Monaco se ubicó allí (poco después entró el belga), se pudo ver cómo sí tenía una vocación más ofensiva para darle amplitud al equipo. Sin embargo, por sus características no tuvo tanta presencia defendiendo y en ocasiones se situó un escalón por delante de Hermoso, por lo que el dibujo sobre el terreno de juego pasó a mostrar otra alternativa más que tiene el equipo de Simeone (imagen 19).

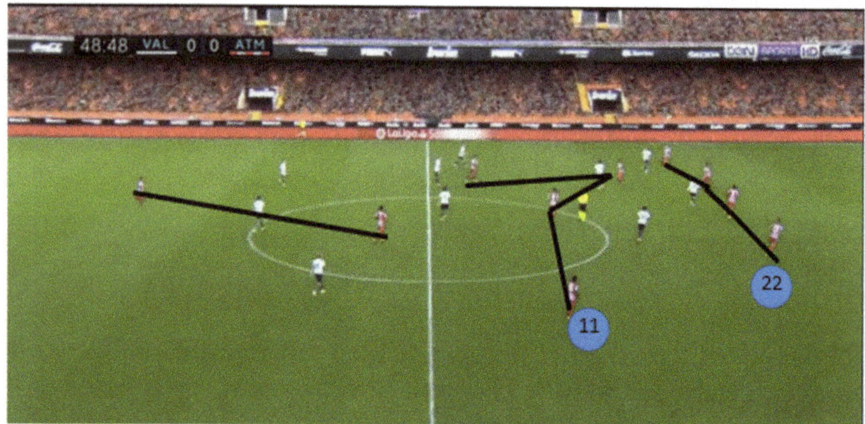

Imagen 19.

Como Hermoso (22) no tiene ningún problema en actuar como lateral izquierdo, Lemar (11) puede ahorrar esfuerzos para poder aportar más en la fase ofensiva. Debido a este tipo de situaciones concretas dentro de los partidos del conjunto colchonero, se puede ver una alternancia entre el 4-4-2 y el 5-3-2. En este aspecto cabe destacar la, casi siempre, acertada interpretación de Hermoso (22) de lo que le pide la jugada.

4-4-1-1

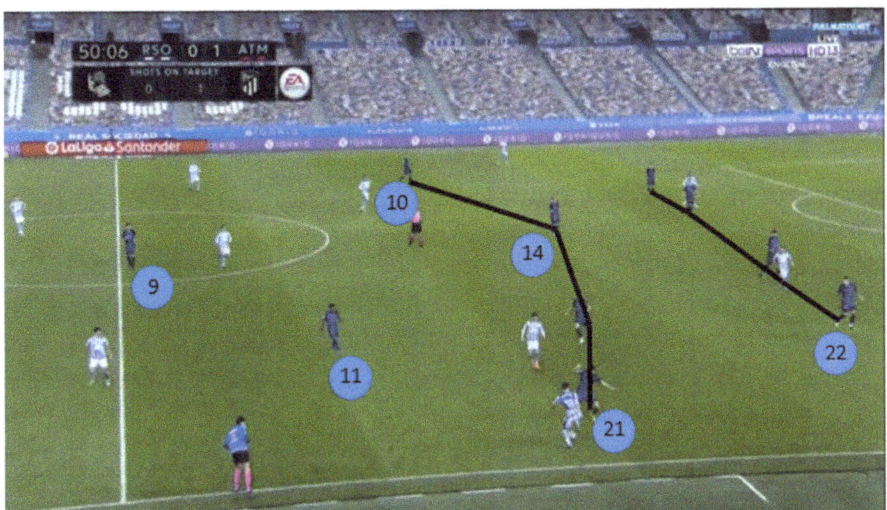

Imagen 20.

Las variantes que ofrecen los jugadores a Simeone son múltiples. Esta disposición no es la más habitual (imagen 20), pero también se puede ver en ciertos tramos de partidos. Como todo sistema, tiene sus ventajas y desventajas. En el aspecto positivo sirve para:

1. Liberar a Carrasco (21) de tareas defensivas, con Hermoso (22) actuando como lateral.

2. Acercar a Lemar (11) al área rival, donde es más peligroso.

En el aspecto negativo aparecen estas contras:

1. Correa (10) se aleja del área rival.

2. Llorente (14) pasa a tener más responsabilidades a nivel defensivo.

Sin embargo, no es una fórmula exacta. Según lo que pida el partido en concreto se pueden aprovechar más las ventajas y que pasen inadvertidas las desventajas.

CONCLUSIÓN

No es necesario definir un único sistema de juego para cada equipo, sino que es más importante la capacidad de adaptación del entrenador a sus futbolistas. Y se ha visto que Simeone está sabiendo reinventarse.

Estas continuas modificaciones hacen al equipo del Cholo muy versátil y capaz de adaptarse a diferentes contextos. El argentino solo busca encajar sus piezas para que los principios y subprincipios tácticos que pretende que sus dirigidos dominen, se vean reflejados de la mejor manera posible en el terreno de juego.

CAPITULO 4

ATAQUE ORGANIZADO

> Guardiola: "La intención no es mover el balón, es mover al oponente".

ZONA DE INICIACIÓN

Situación 1: salida con defensa de cuatro – saque de puerta

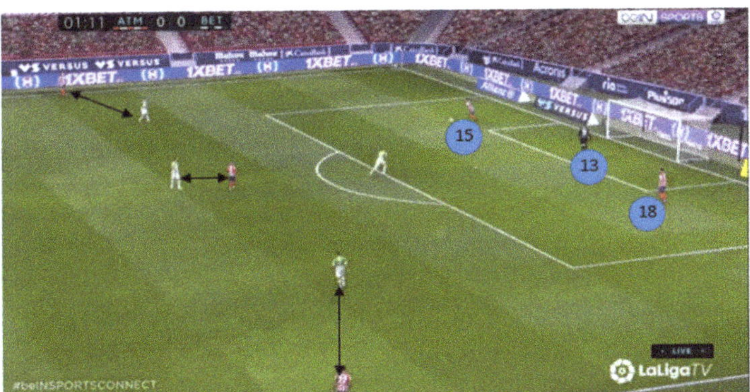

Imagen 21.

En este partido (imagen 21) el sistema de juego del Atlético aún no había evolucionado al de tres centrales, por lo que se trata de una situación de salida de balón con defensa de cuatro. Sin embargo, los mecanismos para saque de puerta son iguales hasta que tienen el balón controlado los centrales.

Ante este escenario, el equipo de Simeone prefiere no asumir riesgos a pesar de la superioridad de tres contra uno en el área, donde se encuentran Savić (15), Felipe (18) y Oblak (13). Frente al delantero del Betis tapando la línea de pase entre los zagueros, y la buena presión de los tres mediapuntas oponentes, Savić (15) lanza un pase largo.

Situación 2: salida con defensa de cuatro – balón en posesión de centrales

Imagen 22.

Cuando el rival repliega en bloque medio-bajo, el Atlético de Madrid inicia la fase ofensiva tratando de realizar un juego elaborado (imagen

22). Para ello, cuando alinea una defensa de cuatro es muy habitual que un futbolista con buen pie, como es el caso del centrocampista Koke Resurreción (6) en esta acción, realice un apoyo para recibir y conseguir así una salida de balón fluida en superioridad numérica.

Situación 3: salida con defensa de tres – saque de puerta

Imagen 23.

Así se dispone el equipo de Simeone en los saques de puerta cuando utiliza tres centrales (imagen 23). La distribución es calcada a como afronta esta situación con defensa de cuatro (imagen 20 de la situación 1). El Atlético intenta jugar en corto pero si la presión del rival es efectiva, tampoco hay problema en buscar un juego directo.

Esta imagen 23 sirve para apreciar que el dibujo cambia cuando los centrales tienen el balón controlado. El movimiento de Hermoso (22) para pasar a formar la línea de tres es lo más destacable a nivel táctico y lo que crea incertidumbre en el contrario.

Situación 4: salida con defensa de tres – balón en posesión de centrales

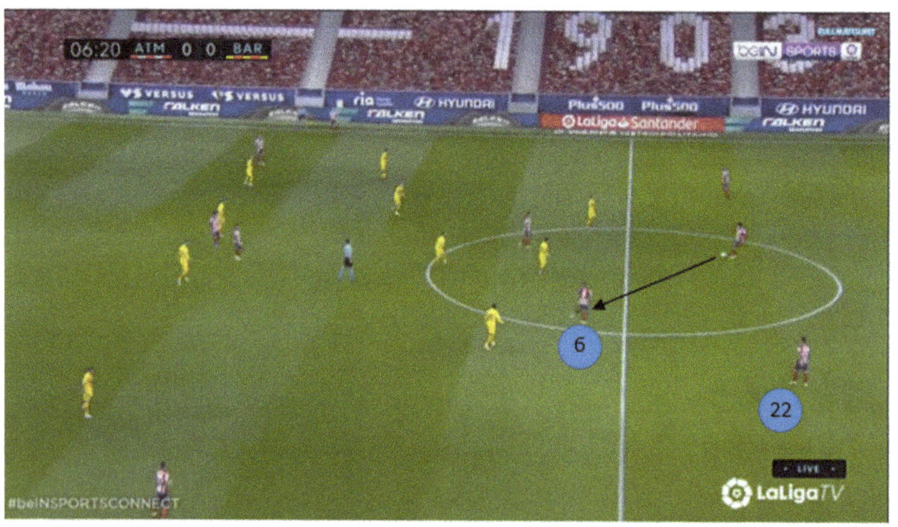

Imagen 24

En varios momentos del ciclo de Simeone en el Atlético, el equipo no se sentía especialmente cómodo en la salida cuando los centrales tenían el balón. Este es uno de los puntos importantes por los que el Cholo ha buscado nuevas variantes para mejorar, y en el sistema con línea de tres ha encontrado cierta mejoría. Afrontar estas situaciones con superioridad numérica desde la base de la jugada, le da al Atleti mayor tranquilidad y mayor porcentaje de éxito para que el balón llegue en buenas condiciones a la zona de creación.

Esta forma de iniciar el juego se conoce como "salida lavolpiana" (cuyo nombre viene del entrenador Ricardo La Volpe, que en su carrera se ha dedicado a darles a sus dirigidos automatismos como este) o salida a tres. Es un concepto utilizado en el fútbol para referirse al comienzo de la fase ofensiva de un equipo que en una primera línea sitúa a tres futbolistas a lo ancho del campo y tiene a los carrileros en su máxima amplitud en un segundo escalón, en una zona más cercana al mediocampo.

La salida lavolpiana no se asocia a un modelo de juego en particular. Se ha visto bien realizada por estilos muy contrapuestos (combinativos o de contraataque, por ejemplo, y por conjuntos que han marcado época o por otros más humildes), aunque es evidente que tiene un marcado carácter combinativo.

Si bien entre los tres jugadores que se sitúan en la primera línea existen diferentes variantes (puede ejercerse desde un sistema de tres centrales, puede formarse con uno de los laterales, con el mediocentro entre los zagueros, con un interior, entre otras alternativas), Simeone generalmente utiliza la de una línea de tres centrales.

Si Hermoso (22) juega como defensa central izquierdo, ya se encuentra en esa posición; mientras que si parte como lateral, apenas tiene que modificar un poco su ubicación para compartir altura con los otros dos zagueros. A la vez que estos movimientos se efectúan, los laterales dan amplitud y se sitúan más adelante de su colocación inicial.

En esta situación (imagen 24), también un futbolista con buen pie (Koke, 6) apoya a la línea de tres para lograr una mayor superioridad numérica en la salida de balón cuando lo crea conveniente. Para ello se aleja de la marca, en un movimiento que supone crear más espacios entre las líneas rivales para tener más facilidad para progresar. Esto se conoce como atraer para estirar; es decir, que un contrario siga ese desmarque para crear más lugar a su espalda.

Situación 5: salida con defensa de tres – alternativas para progresar

Una vez el Atlético se sitúa en línea de tres, existen muchas variantes posibles para continuar con el juego ofensivo. Las más habituales son las siguientes:

Filtrar pase con cercanos

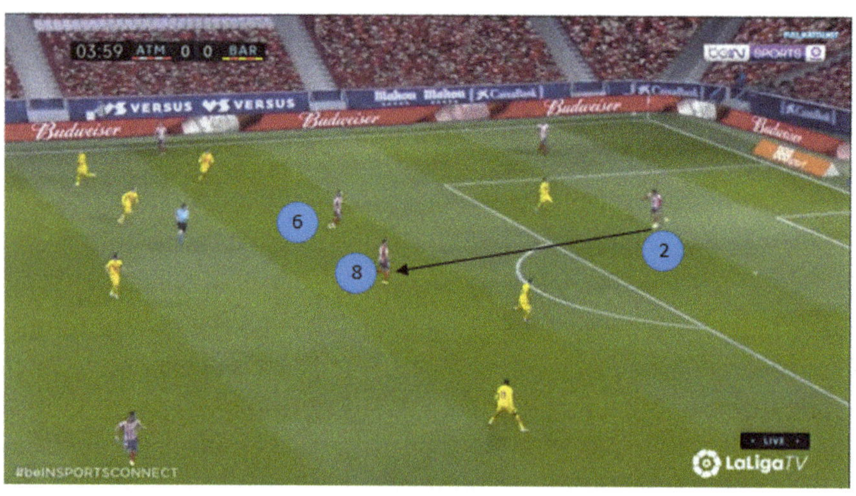

Imagen 25.

Pase del central Giménez (2) al interior izquierdo Saúl (8) tras un desmarque en apoyo (imagen 25). Tanto Saúl (8) como Koke (6) con sus inteligentes movimientos suelen ser una buena opción de pase, ya que es difícil encontrar rivales que presionen tan arriba en bloque y no

dejen alternativas para progresar. Si bien no es muy frecuente, los hay y los veremos.

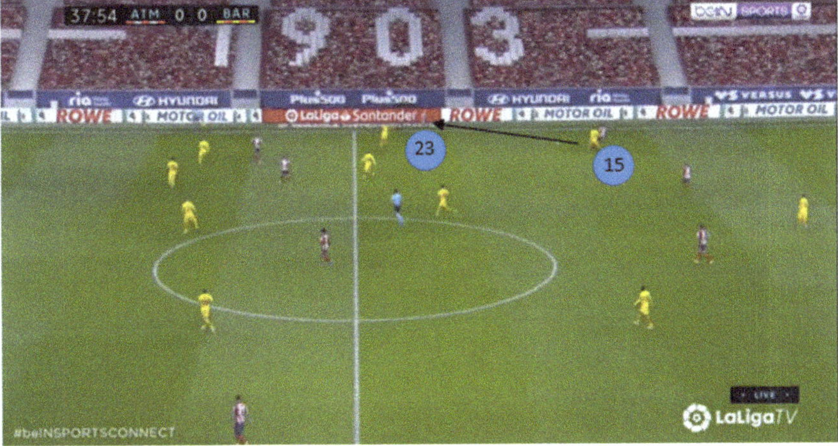

Imagen 26.

En la imagen 26, el central derecho Savić (15) busca al carrilero derecho Trippier (23). Sigue siendo un envío con un jugador cercano y que también suele ser una opción bastante habitual. Lo mismo ocurre, habitualmente, por banda izquierda.

Imagen 27.

Otro pase con futbolista cercano puede ser con João Félix (7), quien habitualmente es delantero izquierdo y suele bajar a recibir cerca de la defensa (imagen 27). Aunque el portugués es un atacante, en ese tipo de situaciones actúa en la zona de creación como un centrocampista.

Pase con lejanos

Imagen 28.

En este tipo de acciones suele ser importante la conducción de los centrales externos (generalmente Savić y Hermoso), que trasladan hasta dividir y luego buscan el pase. De eso hablaremos más adelante.

En el caso de la imagen 28, el central izquierdo Hermoso (22), uno de los jugadores con mejor visión de juego y golpeo para filtrar pases del equipo, consigue conectar con el delantero derecho Correa (10). Para conectar con un compañero alejado es muy importante el posicionamiento de los demás futbolistas, como se ve con Carrasco (21), Lemar (11) y Félix (7), quienes tienen un rival pendiente de ellos y así abren el pasillo para el envío.

En amplitud

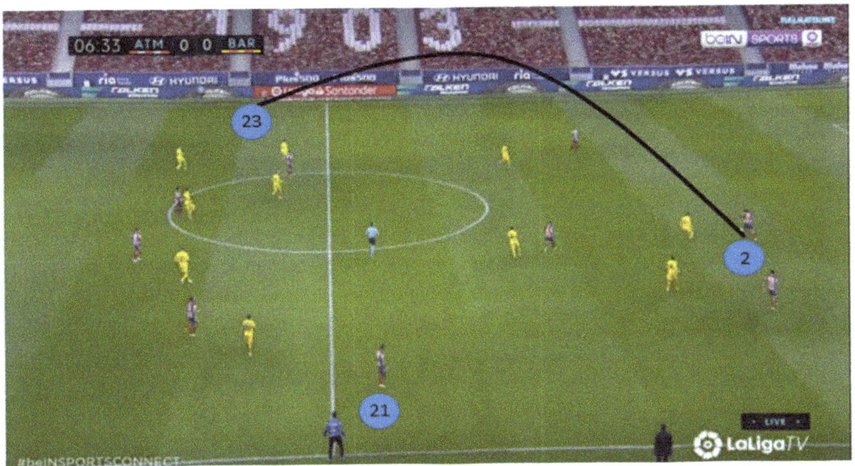

Imagen 29.

En esta situación de presión intensa por parte del contario (imagen 29), el Atlético intentó aprovechar la amplitud que le dan por la banda los carrileros, tanto Trippier (23) como Carrasco (21). Es un gran recurso en este tipo de escenarios, ya que es probable que el balón llegue con éxito a su destinatario y en caso de que no sea así, la pérdida se da lejos de la propia portería. El principio del cambio de orientación es importante en estos casos.

Situación 6: comparación saque de puerta – juego desde los centrales – defensa de 3

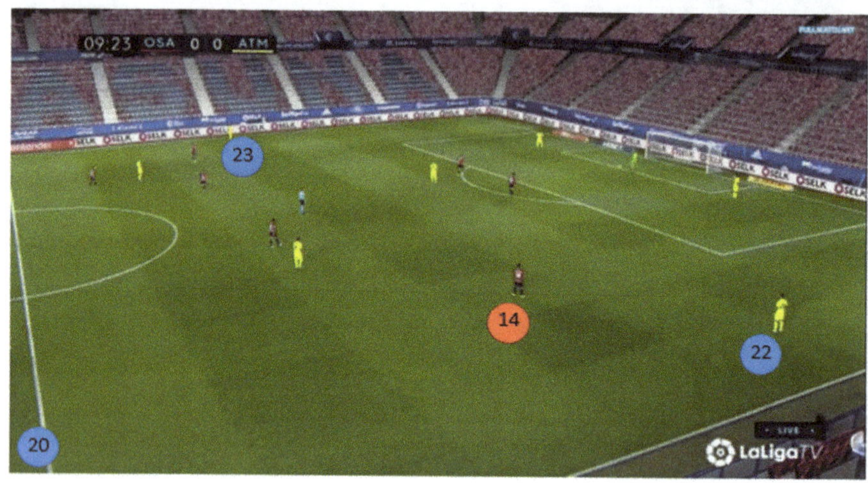

Imagen 30.

Ya hemos visto con anterioridad que hay un cambio de posiciones entre el saque de puerta y cuando los centrales tienen el balón en posesión, pero esta serie de imágenes sirven para entender mejor dichos movimientos y el porqué de estos. Cuando Oblak debe reiniciar el juego tras una interrupción, la disposición habitual del Atlético de Madrid de Simeone es la que se aprecia en la imagen 30. Hermoso (22) parte como lateral izquierdo y Vitolo (20), que es el extremo izquierdo, ni siquiera aparece en el plano al estar muy adelantado dando profundidad y amplitud. El lateral derecho, Trippier (23), es quien se estira en la banda derecha, pero se encuentra más cerca de los centrales que del "20".

Imagen 31.

En ambas imágenes, tanto la 30 como la 31, aparece destacado el extremo derecho del Osasuna, Rubén García (14). Esto es porque tiene la duda de si saltar a presionar a Hermoso (22) cuando este retrasa su posición para facilitar la salida de balón del Atlético.

1. Si García (14) decide ir con Hermoso (22), el riesgo es alto ya que habrá un efectivo menos en el mediocampo y eso lo podría aprovechar un mediocentro, o incluso un jugador como João Félix, para recibir el balón.

2. Si, en cambio, García (14) decide mantener su posición, el riesgo es menor pero el Atleti logra una clara superioridad numérica.

Esto depende de la interpretación del entrenador rival y del propio futbolista, pero lo que es evidente es que esta es una situación que a Simeone le gusta explotar con la polivalencia y el buen pie de Hermoso. Los carrileros, en la imagen Trippier (23) y Vitolo (20), siem-

pre son los encargados de aportar amplitud un escalón por delante de la línea defensiva.

Situación 7: saque de puerta – en largo

Imagen 32.

El Atlético de Madrid acostumbra a intentar iniciar con el balón controlado desde atrás; sin embargo, si el rival propone una presión organizada es bastante habitual ver cómo los de Simeone no arriesgan en exceso. Para ello, Oblak (13) busca generalmente un golpeo directo para intentar ganar la disputa aérea o, si no es posible, controlar la segunda jugada con un buen posicionamiento del resto de los jugadores.

Ante el partido contra el Osasuna, por ejemplo (imagen 32), se pudo ver a la perfección esa modificación; algo que se debió, en gran medida, a cómo de automatizados tiene los mecanismos de presión el conjunto de Jagoba Arrasate.

Imagen 33.

Ante el Cádiz, como se aprecia en la imagen 33, también se pudo observar la misma situación, incluso a pesar de que el marcador (3-0) podía invitar a jugar desde atrás. Pero esto, de no tomar muchos riesgos y buscar verticalidad, también es un sello de identidad de los de Diego Pablo.

En esta evolución, el Atlético ha pasado a tener más posesión, dar más pases y controlar más el juego. Pero en campo propio y frente a un adversario que presione de manera organizada, los de Simeone no fuerzan salidas.

Aunque podrá gustar más o menos, es algo muy coherente: la línea defensiva no se caracteriza, precisamente, por su buena salida de balón, más allá del mencionado caso de Hermoso. Oblak, Savić y Giménez son grandísimos jugadores, pero se destacan más en otras labores.

Esto es lo que define a un gran técnico, el saber dónde asumir riesgos y dónde no. El Cholo pretende asumirlos en la mitad contraria del terreno, pero en la propia trata de minimizarlos.

Situación 8: salida de balón - sistema rival igual al del Atlético de Madrid

Imagen 34.

En algunos partidos el Atlético también se puede enfrentar a un esquema idéntico. Por ejemplo, sucedió ante el Bayern, que sorprendió al cambiar su sistema para visitar al club colchonero y utilizó tres centrales con dos carrileros.

Sin embargo, aquí se pudo ver una variante en los del Cholo que les sirvió para crear muchas ventajas. No hay más que analizar la altura en el campo de los dos carrileros (imagen 34):

1. Trippier (23) retrasó su posición para así atraer al carrilero contrario, lo cual provocó muchísimos espacios a su espalda que aprovecharon tanto Llorente (14) como Correa (10).

2. Carrasco (21), en cambio, adelantó su ubicación y el carrilero derecho del Bayern se emparejó con él. Esto creó lugar para que Félix (7) pudiese entrar más en contacto con el balón.

Aunque muchos de estos movimientos pueden corresponder más a la zona de creación que a la de iniciación; debido a esa diferencia de alturas en las posiciones de Trippier (23) y Carrasco (21), se relacionaron con la salida de balón.

Situación 9: salida de balón – ante presión alta

Imagen 35.

Como hemos visto, el Atlético intenta salir con el balón controlado, pero frente a presiones tan agresivas y en bloque, como la del Real Madrid, le resulta difícil superar esa línea (imagen 35). El jugador que mejor se desenvuelve en este tipo de situaciones es Hermoso (22), que

tiene la capacidad de filtrar pases más allá de la defensa. Entonces, si los oponentes marcan bien al central zurdo, es complicado que los de Simeone logren una progresión limpia.

CONCLUSIÓN

Hay que destacar la mejoría que se está observando en salida de balón con tres centrales. Simeone está aportando mecanismos muy interesantes a su equipo para progresar y este es uno de ellos, con carrileros más profundos y superioridad numérica con los tres zagueros.

A nivel individual hay que destacar el aporte de Hermoso: su buen trato de balón es fundamental para superar líneas de presión mediante el pase y la conducción.

ZONA CREACIÓN

Situación 1: zona de creación – recepción cómoda de João Félix

Esta situación es la más destacable de este "nuevo" Atlético de Simeone, ya que es la más diferencial y una de las que más se repite. Félix es el jugador del plantel con mayor capacidad de inventiva debido a su talento, lo cual ha hecho que el argentino se dé cuenta de que cuanto más juego aglutine él, más peligro tiene el equipo en ataque.

En la imagen 36 vemos un mapa de calor con la zona en la que, por los automatismos creados, es más común que reciba el portugués.

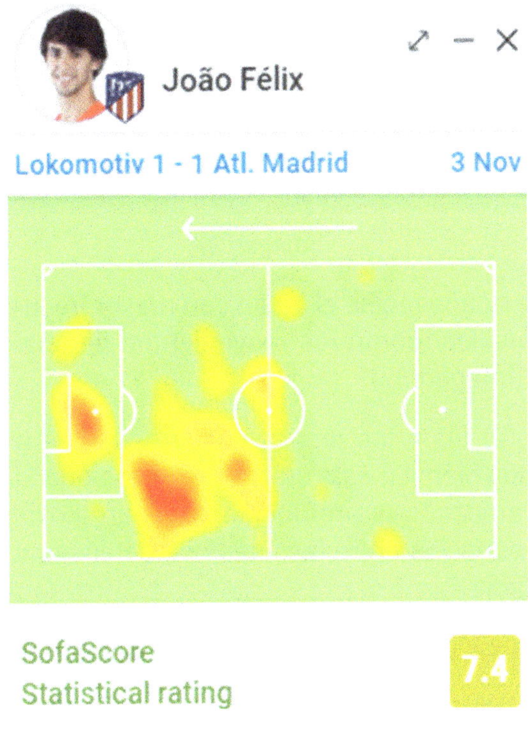

Imagen 36.

Este es registro de intervenciones de Félix ante el Lokomotiv. En ese encuentro solo le faltó el gol y completó un partido muy bueno, en el que prácticamente todo el juego de su equipo pasó por sus botas.

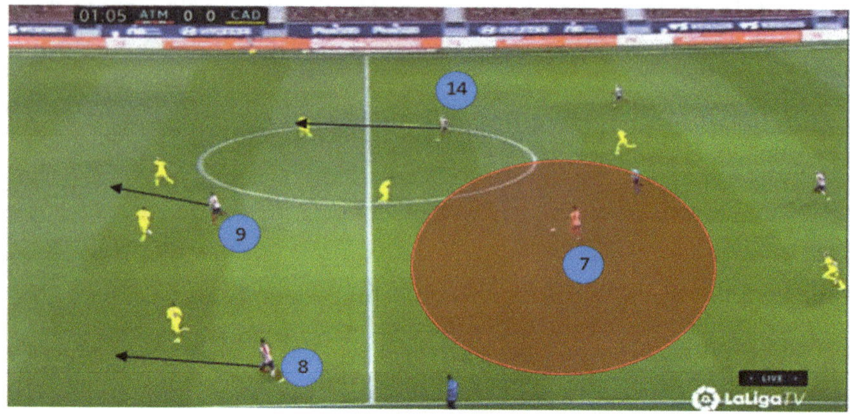

Imagen 37.

Una vez visto dónde recibe el balón con mayor frecuencia João Félix (7), vamos a analizar cómo los movimientos de sus compañeros lo hacen posible (imagen 37).

1. Suárez (9) fija a los dos defensas centrales rivales, algo que realiza muy bien. En esta situación vemos que Suárez estira a la defensa atacando la profundidad, con un movimiento que deja muchos espacios entre las líneas de defensas y centrocampistas del Cádiz.

2. Saúl (8) y Llorente (14) hacen lo propio con los dos laterales rivales.

Por eso, el espacio que tiene que defender el Cádiz, entre defensas y mediocentros, es enorme. Y eso es lo que aprovecha Félix. Lo consigue con gran éxito, ya que partiendo como acompañante de Suárez es indetectable para los adversarios y sabe buscar los espacios generados gracias a los movimientos de sus compañeros. Luego, cuando recibe el balón en ventaja, las posibilidades de peligro crecen exponencialmente.

Situación 2: zona de creación – recepción incómoda de João Félix

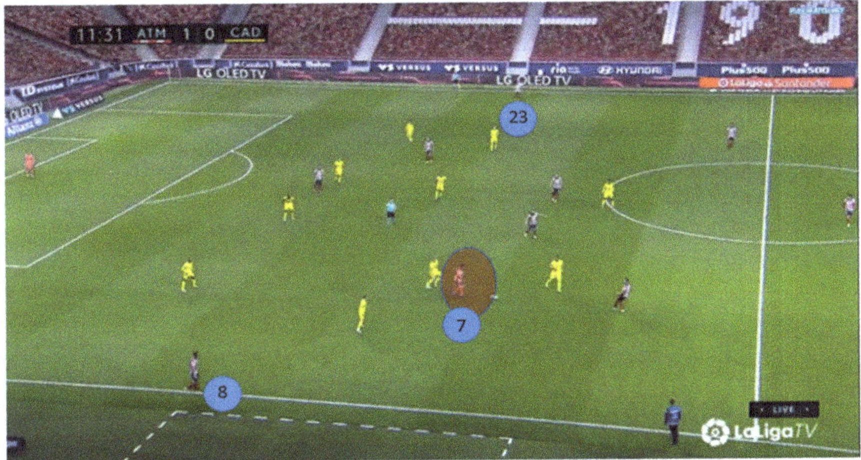

Imagen 38.

João Félix (7) no siempre puede ser ubicado en contextos de ventaja. En esta situación (imagen 38), el Cádiz estaba situado en un bloque medio-bajo, algo común en este equipo y que dificulta que el portugués reciba en ventaja y con muchos espacios a su alrededor. Aun así, sus movimientos siempre son interesantes: en esta jugada tuvo que soltar el balón al primer toque por la presión rival, pero se ve en la imagen 38 cómo a la espalda de su marcador generó un espacio mayor.

También vale destacar que siempre hay dos futbolistas en banda dando amplitud, que en este caso son Saúl (8) y Trippier (23).

Situación 3: zona de creación - cambio de roles

Imagen 39.

Con la evolución atravesada, este es otro rasgo que ha llegado al equipo de Simeone. Esta caracterítica necesita de una adecuada contextualización. El partido de la imagen 39 es el primero de la temporada 2020/21 como titular para Hermoso (22) y Carrasco (21) entró en el descanso sustituyendo a Lemar.

Ese día el español actuó como lateral izquierdo y no en el rol de tercer central que ha pasado a desempeñar tras el proceso de cambios. Es por ello por lo que en alguna ocasión, como en la imagen 39, Hermoso se incorporó al ataque, algo favorecido por el comportamiento de un Carrasco (21) que le dejaba la banda y buscaba recibir en zonas más centradas. En esta ocasión graficada, mediante un desmarque de ruptura atacando la profundidad, el belga recibió un buen balón del defensor ex Espanyol.

Imagen 40.

Con el correr de la temporada se ha dado un cambio evidente debido a la evolución en el Atleti de Simeone. Y no solo en el sistema, que al fin y al cabo no es lo más importante, sino también en el rol de los diferentes futbolistas.

Con la línea de tres, Carrasco (21) es el que otorga amplitud mientras Hermoso (22) ejerce como central por izquierda, en una posición más centrada (imagen 40). Un automatismo común consiste en una conducción del español hasta dividir para aglutinar jugadores a su alrededor y liberar espacios, con Carrasco (21) pegado a la banda para hacer más ancho el campo.

Situación 4: zona de creación - cambios de posición

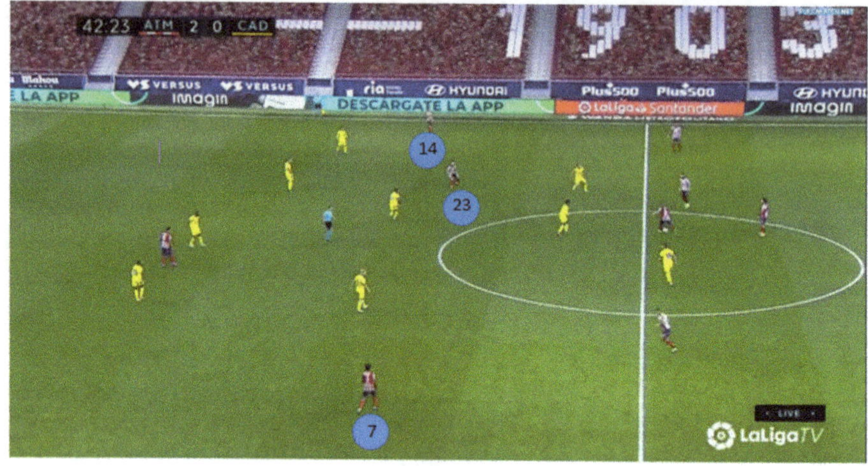

Imagen 41.

Lo que vemos en la imagen 41 no es lo habitual pero se puede dar. Debido a la situación de partido, Trippier (23) se se ubicó en zonas interiores y Llorente (14) se dio cuenta de que lo mejor era ocupar ese carril que el lateral inglés dejó libre para tener más posibilidades de recibir y que el equipo mantenga esa amplitud por la banda derecha.

Se trata de uno de esos movimientos que no tienen por qué ser entrenados constantemente, si no que dependen más de la interpretación de cada jugador y de su toma de decisiones en ese momento. En la parte inferior de la imagen 41 vemos algo que sí es más constante y es un desplazamiento de João Félix (7) hacia el costado izquierdo, buscando ser ubicado en esa zona que hemos observado.

Situación 5: zona de creación - Koke Resurrección

Aparte de su importancia en la iniciación, a partir de su gran visión de juego y sus apoyos para dar fluidez a las salidas, Koke también es vital en la zona de creación.

Imagen 42.

En esta acción (imagen 42) se ve cómo es Koke (6) el encargado dirigir el ataque de su equipo. Viendo el fútbol de cara y desde el centro del campo siempre busca, y generalmente elige, la mejor opción. En la jugada de la imagen 42 acabó entregando el balón a João Félix (7). El español es tan importante porque, además de su capacidad para decidir bien, tiene una gran visión de juego; algo fundamental, ya que le pueden salir rivales por cualquier lado.

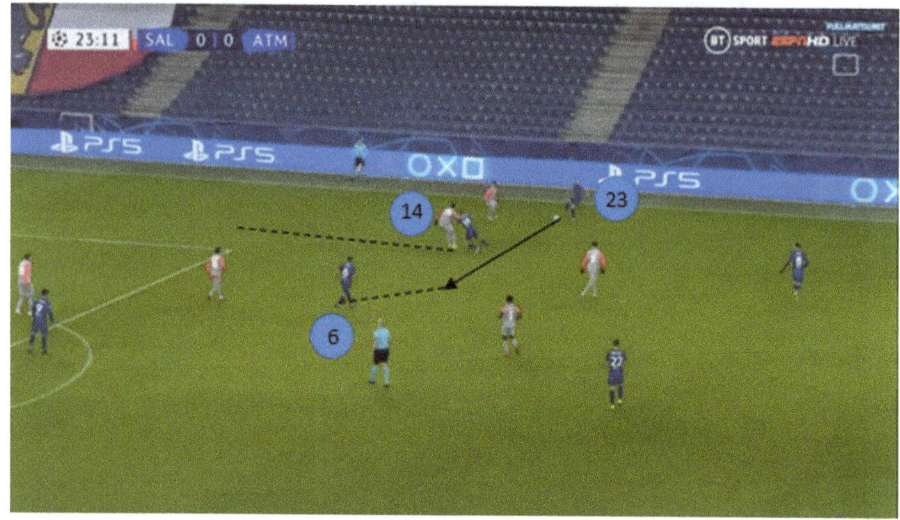

Imagen 43.

Koke (6) también aprovecha muy bien aquellos espacios que generan sus compañeros para ofrecerse como otra alternativa de pase. En este caso (imagen 43), Llorente (14), tras un posterior desmarque de ruptura de Trippier (23), intentó lanzar su habitual pase en profundidad; pero al ser bien marcado, decidió darle continuidad a la posesión jugando con Koke (6), que realizó un apoyo en corto.

Situación 6: Luis Suárez fijando centrales

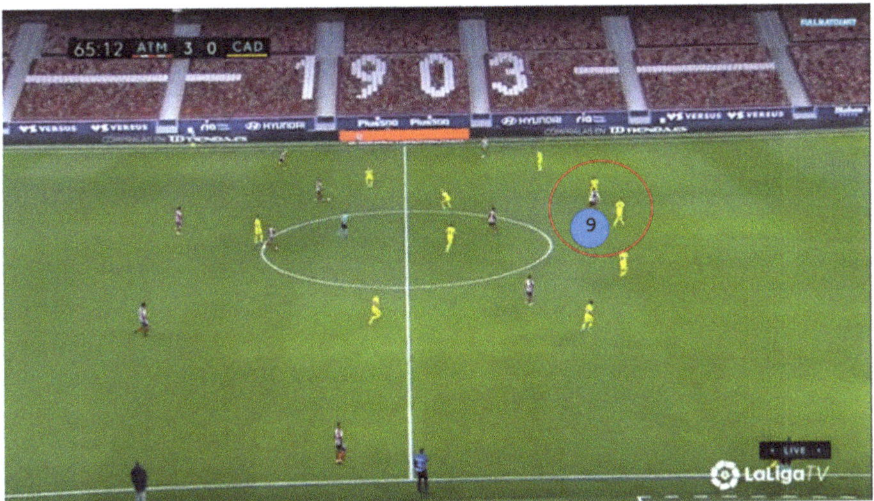

Imagen 44.

Tan importantes son los movimientos para ofrecerse como los que se realizan sabiendo que no se va a recibir el balón. Esto es fundamental, ya que con estos movimientos se facilita mucho el ataque. Además, más pronto que tarde, el propio futbolista se ve recompensado.

En la imagen 44 vemos cómo Suárez (9) fija a dos marcadores, lo cual ya crea espacios para João Félix a la espalda de los mediocentros rivales. Al aumentar la distancia entre líneas, para el contrario defender se hace muy complicado. Aparte de ser un grandísimo goleador, el uruguayo se desenvuelve a la perfección en este aspecto del juego.

Situación 7: pareja de delanteros sin la creatividad de João Félix y la movilidad de Ángel Correa

Imagen 45.

Aparte de la capacidad de Marcos Llorente (14) para atacar la profundidad y la de Luis Suárez (9) para zafarse de los centrales y buscar situaciones de gol, el Atlético cuenta con un recurso muy potente al combinar las aptitudes de ambos. Partiendo como pareja de delanteros también se entienden bien, como se vio especialmente en el cuarto gol del conjunto colchonero ante el Granada (imagen 45).

- Llorente (14) ataca de gran manera los espacios partiendo como delantero y se acerca más al gol (el partido en Anfield es el mejor ejemplo).

- Suárez (9) se compenetra bien con cualquier compañero de ataque, ya que está continuamente intentando sacar de posición a sus marcadores y poner en ventaja a su dupla. Además, es la mayor amenaza de gol del Atlético.

Por esa combinación de virtudes se trata de otra alternativa como pareja de delanteros en el equipo de Simeone.

Situación 8: Thomas Lemar y sus variantes

Imagen 46.

Entre los jugadores de ataque, Lemar (11) seguramente es el más polivalente. Para empezar, ante ausencias de João Félix es capaz de cumplir un rol similar, como se vio en el encuentro ante el Valencia (imagen 46), en el que el portugués faltó en la primera parte. Llorente (14) buscaba estirar al contrario y Koke (6), por momentos, se liberaba; con Saúl (8) más contenido para tener protección ante posibles pérdidas, por lo que se creaban espacios para que el francés (11) pudiese entrar en contacto con el balón.

Imagen 47.

Como se puede ver en la imagen 47, también tenía mucha libertad para moverse por cualquier zona del frente de ataque: el lateral derecho Trippier (23) se incrustó en una posición más centrada para dejarle a Lemar (11) esa libertad, el tiempo y el espacio para recibir.

Imagen 48.

Más adelante en el partido, en el momento de la imagen 48, Lemar (11) pasó a actuar en la posición de lateral izquierdo sin perder influencia en el ataque, ya que era como un delantero más. Debido a su gran capacidad técnica y buena visión de juego, el francés (11) fue un elemento muy importante para darle fluidez al juego. En esta situación

incluso cambió, momentáneamente, el lugar con Hermoso (22) para entrar en contacto con el balón.

Imagen 49.

Y apenas 14 segundos después, Lemar (11) dispuso de una gran ocasión dentro del área (imagen 49). Aquí se ven dos situaciones muy habituales en el Atlético de Madrid de Simeone.

- Llorente (14) llegando a la línea de fondo tras atacar la profundidad.
- El lateral (o, en este caso, el extremo) del lado contrario, Lemar (11), apareciendo en posiciones de remate.

Esta última situación (imagen 49) se trata de una acción de ataque en zona de finalización. Pero creo que era conveniente incluirla aquí, para apreciar la secuencia de cómo acabó esta jugada que empezó el mismo Lemar.

Imagen 50.

Además de jugar como lateral y atacante, Lemar también suele actuar como mediocentro o interior, como en la primera parte contra el Valladolid. En este nuevo rol, parte de la evolución del equipo de Simeone, está dando un gran nivel. En la imagen 50 se ve perfectamente la posición que ocupó ese día: se situó como uno de los tres centrocampistas por delante de la línea defensiva. La acción es en fase defensiva, pero muestra un punto de partida.

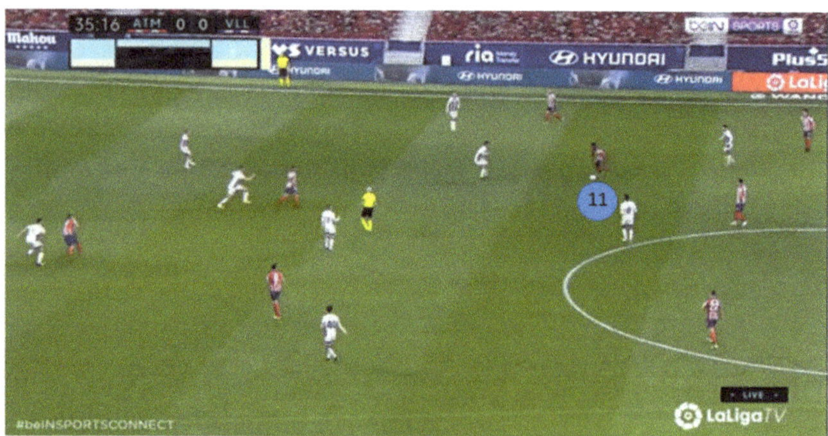

Imagen 51.

En la fase ofensiva su posicionamiento fue similar, aunque con mucha libertad para moverse entre líneas. Desde esa posición de interior, Lemar (11) aglutina mucho juego ofensivo.

Su caso amerita elogios para Simeone por cómo ha conseguido tener tantas piezas diferentes activadas y cómo le ha encontrado lugar al francés. Asimismo, las variantes tácticas son muchísimas. Solo hay que tener en cuenta qué tipo de futbolistas son Lemar y Llorente, quienes suelen ocupar esa posición y muestran mucha versatilidad.

Situación 9: central en zona de creación – sistema de tres centrales

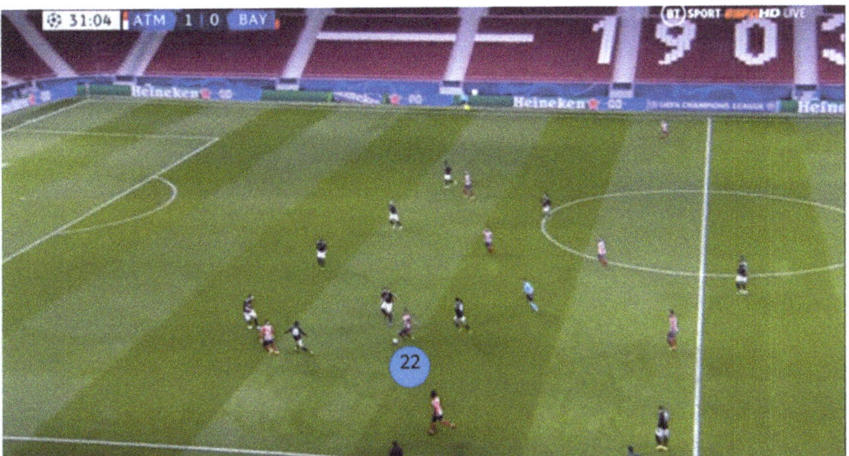

Imagen 52.

Con los tres centrales, es muy habitual que uno de ellos traslade y se meta en campo rival con pelota dominada. Como hemos visto, una de las grandes virtudes de Hermoso (22) es cómo conduce hasta dividir, algo que se ve en la imagen 52. Este es un recurso más en la salida de balón del Atlético y por el cual el español se acaba convirtiendo en un centrocampista más en zona de creación. Lo más habitual es que estas acciones las lleve a cabo Hermoso; aunque también, debido al

sistema y a la confianza que ha ganado en este aspecto, es muy común ver a Savić en este tipo de situaciones.

Este tipo de acciones se producen por dos razones, principalmente:

- Interpretación del central que conduce hasta dividir, para atraer contrarios y generar espacios en otras zonas del campo.
- Superioridad numérica de los defensores contra atacantes adversarios que permiten este tipo de acciones.

Es una jugada que, obviamente, también está muy vinculada a la zona de iniciación.

Situación 10: función de los carrileros

Contra un equipo que reacciona a los estímulos (presiona al carrilero).

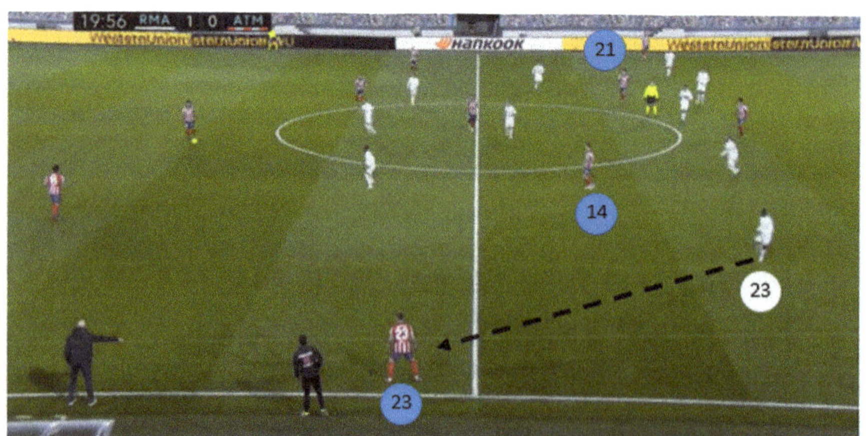

Imagen 53.

Es muy interesante que Trippier (23) y Carrasco (21) jueguen con diferentes alturas teniendo en cuenta cómo defiende el oponente. Teniendo en cuenta que el lateral del Real Madrid, Ferland Mendy (23), sería el encargado de saltar hasta la posición del carrilero derecho, para el Atlético aparecía como una opción efectiva que el inglés se acercara a su defensa para atraerlo (imagen 53). Esto provocaría grandes espacios a la espalda de Mendy (23) que se podrían aprovechar para atacar la profundidad, especialmente con Llorente (14).

Es algo parecido a lo que hemos visto ante el Bayern, pero con un rival que defendió con un hombre menos y encima fue agresivo en esa presión.

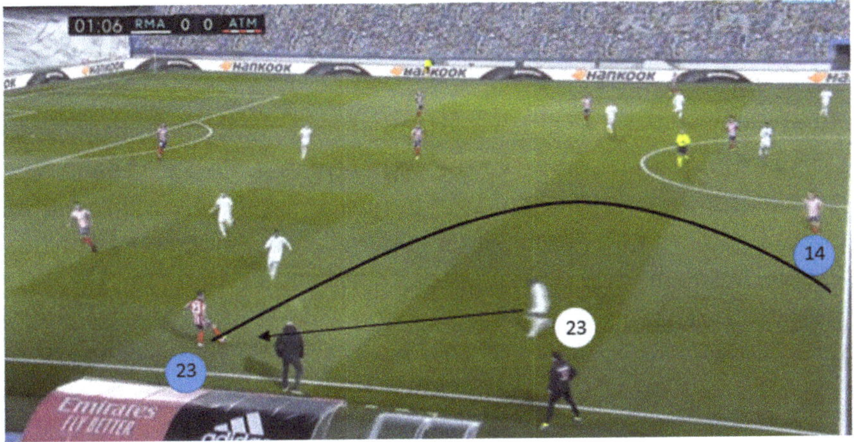

Imagen 54.

En el primer minuto de partido ya se pudo ver esta situación (imagen 54). Mendy (23) saltó a presionar a Trippier (23) y Llorente (14) recibió ese balón a la espalda del lateral francés.

En esta nueva disposición del Atlético de Simeone es muy importante que los carrileros interpreten estas situaciones, en función de si el lateral rival salta a la presión o no. Porque si no sale es más aconsejable que el jugador ofrezca amplitud y profundidad para ensanchar al contrario y crear espacios por adentro. Lo vemos a continuación.

Contra un equipo poco reactivo en la presión.

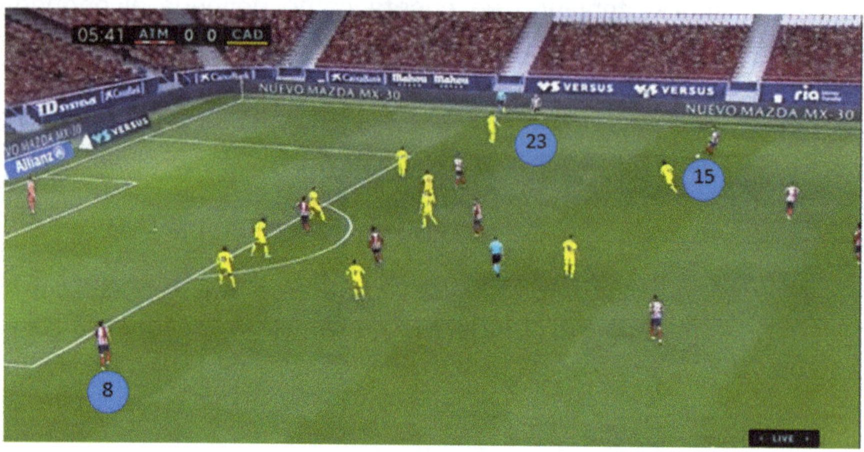

Imagen 55.

En la imagen 55 se observa a Trippier (23) y Saúl (8) aportando amplitud y profundidad. Por su forma de defender, el Cádiz no salta a presionar al carrilero del Atlético, por lo que ambos tratan de hacer más grande el campo y dejar ese espacio para la incorporación de otros jugadores, como ocurrió en este caso con el central derecho Savić (15).

CONCLUSIÓN

Dependiendo del sistema y de los futbolistas que estén en el campo, en un momento determinado cambian las funciones a cumplir por los jugadores. Sin embargo, lo que siempre se repite en la zona de creación en los equipos de Simeone es que debe haber amplitud; lo que a su vez sirve para, posteriormente, tener profundidad. Es decir: para atacar los espacios a la espalda de la defensa rival.

Cumpliendo estos dos principios tácticos, los ataques del Atlético por lo general son mucho más efectivos.

Además de los desmarques de ruptura, también cabe destacar los que generalmente realizan en apoyo jugadores como João Félix y Koke para recibir al pie.

Como se analiza en las distintas situaciones, el juego del Atlético suele acumular muchos jugadores por el costado izquierdo para posteriormente buscar los espacios y la profundidad por la banda derecha (el conocido como lado débil) con jugadores como Trippier y Llorente, quienes se complementan muy bien. Este es un comportamiento que se repite con frecuencia y suele dar buenos resultados.

ZONA FINALIZACIÓN

Situación 1: lateral y extremo en defensa de cuatro

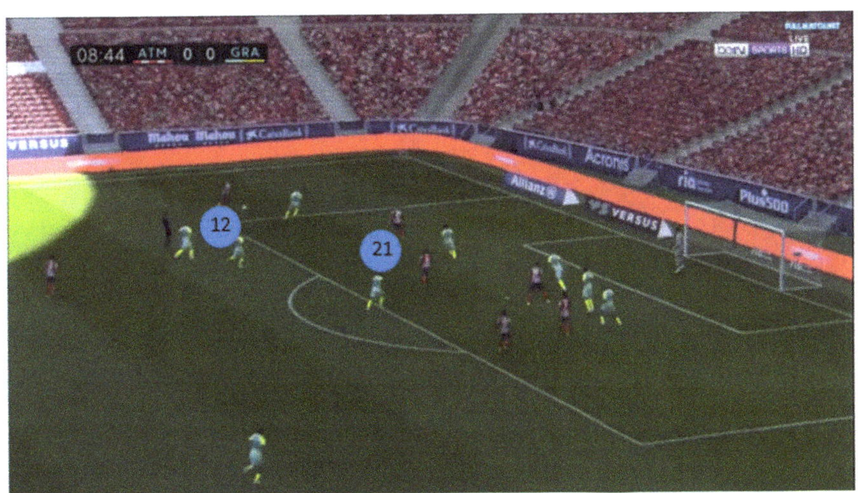

Imagen 56.

Esta situación es muy habitual cuando juega Lodi (12) como lateral; ya que, lógicamente, cambian muchas cosas a nivel táctico el hecho de que en esa posición esté un futbolista de perfil más ofensivo, como el brasileño, a que esté uno de perfil más defensivo, como Hermoso.

En el partido de la imagen 56, Carrasco (21) actuó como extremo, siempre por delante de Lodi (12). En estos casos con defensa de cuatro, cuando el lateral se incorpora al ataque es habitual ver al extremo por adentro para dejar espacios a esa proyección por banda.

Esto, a su vez, representa otras obligaciones en defensa para el Atlético, ya que cuando juega con línea de cuatro y Lodi se suma al ataque deben existir otros movimientos de jugadores que traten de mantener el equilibrio. Lo que se conce como vigilancias, al controlar a los futbolistas ofensivos contrarios mientras se ataca.

Situación 2: João Félix

Imagen 57.

Para el Atlético es bueno que João Félix (7) reciba el balón en zona de creación porque seguramente mejore la acción ofensiva, pero es todavía mejor que tenga el balón controlado en la frontal del área, ya que en estas posiciones es diferencial. Y este es uno de los aspectos en los que Simeone seguramente pone más atención: las recepciones del portugués en esa zona son sinónimo de peligro.

La acción de la imagen 57 supuso el segundo gol del Atlético contra el Granada. Lo marcó Correa (10), tras una genial asistencia de Félix (7).

Situación 3: Marcos Llorente atacando la profundidad

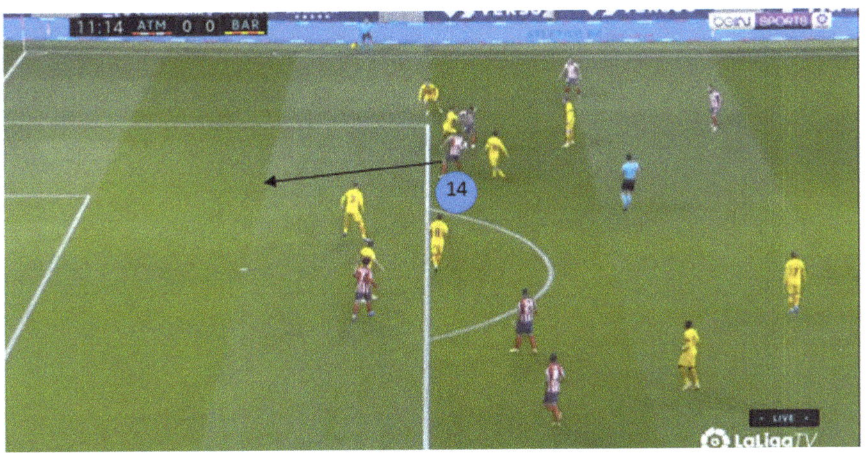

Imagen 58.

Esta es una acción muy recurrente en el equipo de Simeone y tiene dos ventajas evidentes. En primer lugar, la posibilidad de convertir (sea por el propio Llorente o a través del conocido pase de la muerte). En la

jugada de la imagen 58, el español (14) estuvo a punto de anotar, después de su desmarque, con un disparo que se estrelló en el larguero.

En segundo lugar, permite crear espacios a la espalda de los centrocampistas del rival. Esto es porque hace retroceder a la defensa y así crea más espacios entre líneas para facilitar el juego ofensivo del equipo.

Imagen 59.

Por ejemplo, la acción de la imagen 59 supuso el gol de João Félix (7) ante el Bayern. En esa secuencia hay dos momentos a destacar: la pared entre Trippier y Llorente (14), que sirvió para atraer al carrilero contrario para que el español atacara su espalda, y la llegada del portugués, que entiende muy bien el *timing* para aparecer y lo aprovechó en esta ocasión para adelantarse a la defensa.

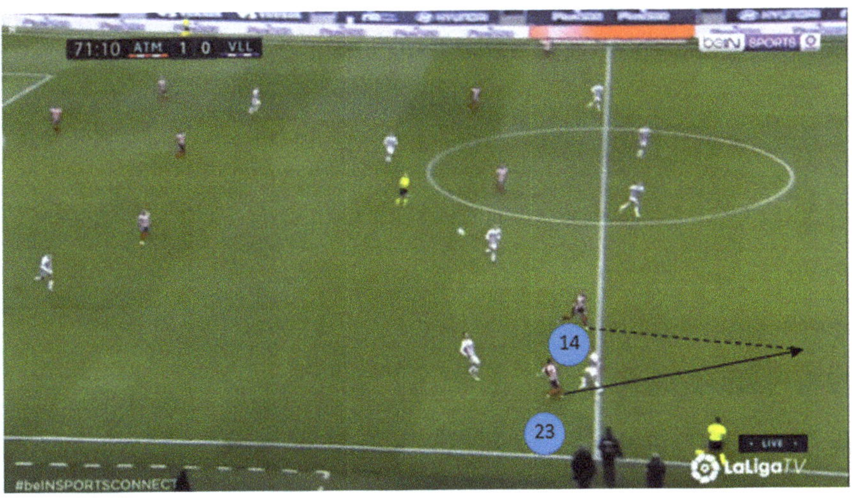

Imagen 60.

Otra muestra de lo peligrosa que es la conexión de Trippier con Llorente para el Atlético de Simeone (imagen 60). Tras el balón en largo de Oblak, Trippier (23) se emparejó con el lateral del Valladolid y le ganó la partida, lo cual resultó muy positivo para un Llorente (14) que atacó la profundidad. Esta vez se le presentó un escenario ideal, con muchos metros por delante: su velocidad y capacidad de finalización hicieron el resto para que la jugada acabara en gol.

Esta acción también sirve para tener en cuenta que las salidas en largo de Oblak, en caso de una presión agresiva del adversario, tienen su sentido; ya que en caso de ganar la disputa, o la segunda jugada, el Atlético puede tener espacios a la espalda de la defensa para correr.

Situación 4: Incorporación por bandas

Imagen 61.

En el nuevo sistema de tres centrales es muy habitual que el futbolista de banda izquierda, que hace de carrilero o extremo, profundice o se adentre en el área porque por detrás tiene otro compañero cubriéndole la espalda. Generalmente es el central izquierdo, como en la imagen 61 con Hermoso (22).

El mismo papel que cumplen en esta acción Vitolo (20) y Hermoso (22); por derecha, generalmente, lo llevan a cabo Trippier y Savić. Aun así, es más frecuente ver al inglés pegado a línea de banda y a Llorente atacar el intervalo entre lateral y central, una zona muy difícil de defender que el Atlético sabe aprovechar.

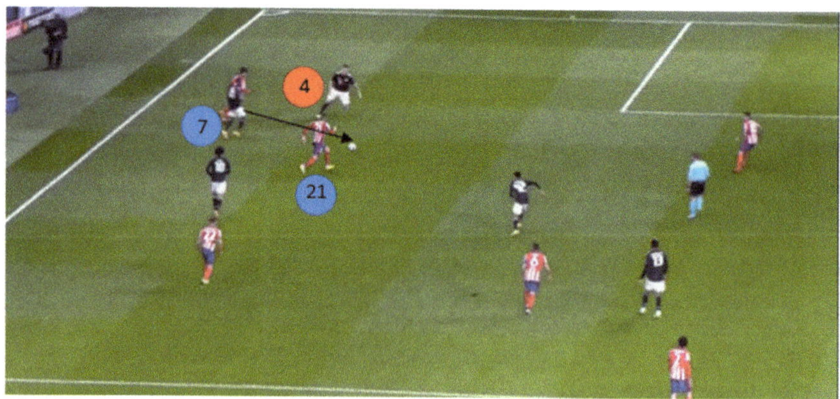

Imagen 62.

Y no solo es habitual ver esta situación con una conducción del propio carrilero para adentrarse en el área, como en el caso anterior con Vitolo, sino que también es habitual que se dé con acciones técnico-tácticas premeditadas.

En la ocasión de la imagen 62, João Félix (7) atrajo al central Niklas Süle (4) y lo sacó de zona. Al quitar a dos rivales de posición (sumado el carrilero derecho contrario), generó un espacio que pudo atacar Carrasco (21), quien lo entendió a la perfección y finalizó la jugada. Es algo que, como veremos, se da en infinidad de situaciones.

Situación 5: Trippier adentrándose en el área

Imagen 63.

El ex Tottenham no es el jugador que más llega con peligro al área contraria; pero en ciertas ocasiones, sobre todo cuando João Félix (7) y otros futbolistas aglutinan juego por la banda opuesta, se genera la posibilidad de encontrar en situaciones de ventaja a Trippier (23), como en la imagen 63. Es lo que se podría definir como atraer por un

lado para atacar por el opuesto, una zona que está desatendida por los rivales y en la que se pueden tener escenarios ventajosos.

Imagen 64.

En la imagen 64, en una acción que acaba en un gol de Lemar, ocurre algo similar en cuanto al aprovechamiento del espacio libre por parte de Trippier (23). Pero hay una particularidad: una muestra de cómo entiende el juego Llorente (14), que recibió el balón en el mediocampo generando un espacio libre y, posteriormente, buscó la amplitud y profundidad que ofreció Trippier (23) debido al lugar generado por el propio "14". Esto es algo que está relacionado con el pasado del español como centrocampista más posicional.

La conexión entre Trippier y Llorente es una de las grandes noticias de esta evolución del equipo de Simeone. Si bien lo normal es ver al inglés dando amplitud y al español atacando la profundidad en el intervalo entre central y lateral del adversario, también hay otras alternativas que hacen impredecible el juego del Atlético.

Situación 6: Luis Suárez

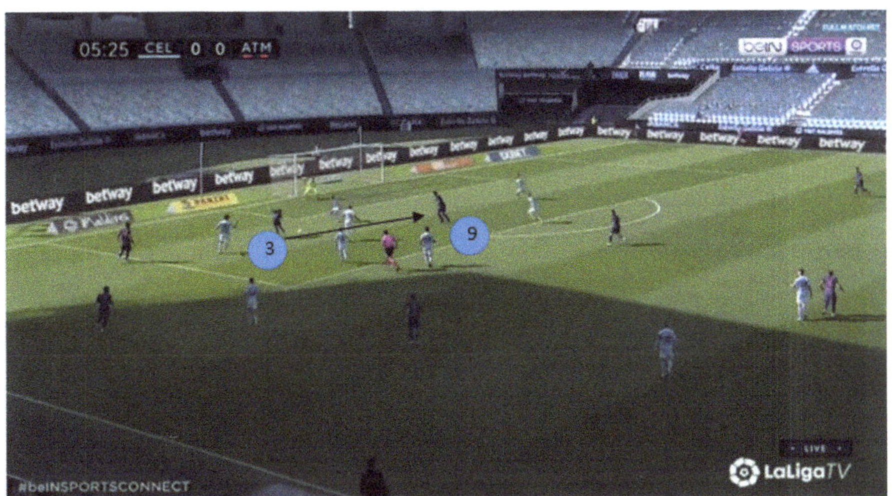

Imagen 65.

El delantero uruguayo es un incordio para las defensas contrarias. En zonas de finalización, además de saber posicionarse muy bien dentro del área para ganar la posición a los oponentes, es un goleador nato. En la imagen 65 se ve cómo Suárez (9) encuentra espacios para atacar en el área. En la acción, Manuel Sánchez (3) asistió y él anotó.

Imagen 66.

Otro ejemplo en la imagen 66, Suárez (9) le ganó la posición a la defensa en el primer palo y aprovechó el pase atrás de Lodi (12).

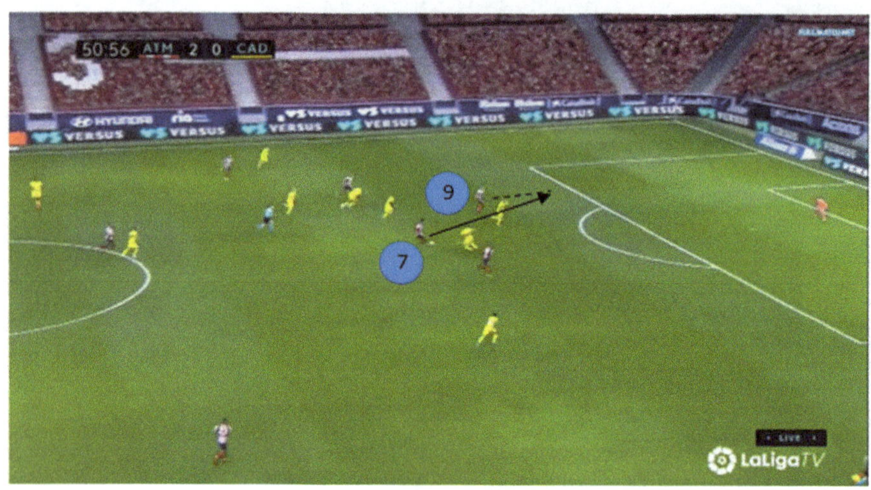

Imagen 67.

En la imagen 67 se aprecia una asistencia de João Félix (7) para Suárez (9), que no falló de cara a la portería. En esta acción se produjo una ruptura del delantero uruguayo, quien cuando el espacio que queda por recorrer hasta la portería es pequeño, resulta peligroso por lo bien que se mueve entre los centrales y realiza ese desmarque. Sin embargo, a partir de una menor velocidad, esa amenaza no logra replicarla cuando hay mucho campo por delante.

Esta es una de las razones por las que el Atlético realiza una presión más adelantada que en temporadas anteriores; otro rasgo de la evolución del equipo, ya que busca situar a Suárez más cerca del área contraria. En temporadas anteriores, con otros delanteros como Álvaro Morata, se buscaban situaciones de contraataque debido a su velocidad. En el apartado de transiciones de defensa-ataque observaremos cómo el uruguayo limita al equipo cuando se recupera el balón en campo propio, al dificultar la realización exitosa de un contraataque.

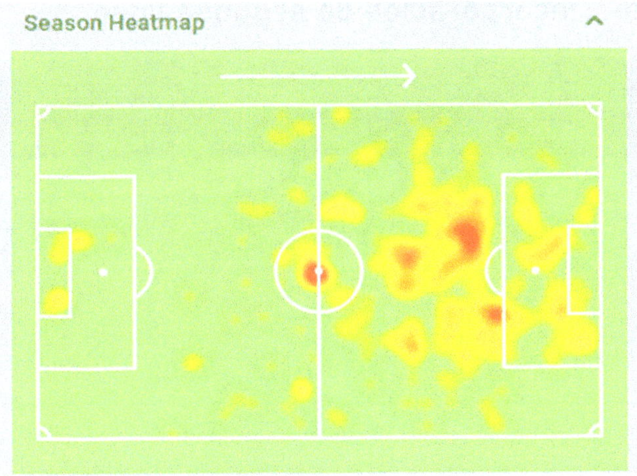

Imagen 68.

Como indica esta imagen 68 de SofaScore con el mapa de calor de Suárez en la temporada, su incidencia con balón es mínima. Además, en el aspecto defensivo tampoco es el futbolista más disciplinado.

Por todo esto podría pensarse que no es el delantero ideal para el Atlético, pero su ratio de gol y sus movimientos en el área compensan todo. Ese equilibrio es el que ha buscado Simeone para contar con el mejor contexto posible con uno de los mejores goleadores.

Situación 7: incorporación de segunda línea

Imagen 69.

En esta acción (imagen 69), que terminó en gol, los dos carrileros fueron los protagonistas. Trippier (23) envió el centro y Lemar (11) remató en el segundo palo. Este tipo de jugadas sirven para ver que jugar con defensa de tres o de cinco no es una señal de ser más o menos defensivo.

Situación 8: Movilidad en ataque

Imagen 70.

Este comportamiento es habitual verlo en Correa (10), un delantero con mucha movilidad al que se le puede observar por cualquier zona del ataque. En el partido de la imagen 70, el argentino jugó como delantero centro pero su naturaleza le impidió permanecer constantemente anclado con los defensas y por ello recibió en zonas diferentes, como esa en la que es habitual ver a Llorente (14). Esto es una ventaja al hacer más imprevisible el ataque.

Además, hay que destacar que Llorente (14) compensó ese movimiento al cambiar su ubicación con Correa (10). En la imagen 70 se puede ver cómo el español se metió en la zona de remate.

Imagen 71.

Otra muestra de lo que ofrece el argentino al jugar como delantero. Cuando logra una rápida circulación en las zonas de iniciación y creación, el Atlético tiene mucho ganado para llegar con ventaja a la zona de finalización.

En la imagen 71, Koke (6) vio el gran desmarque de ruptura de Correa (10) y lo asistió para generarle una ocasión de gol clarísima. La movilidad del ex San Lorenzo, en los metros finales, da muchas alternativas de pase y crea numerosos espacios libres para sus compañeros.

Situación 9: Amplitud y llegada al área

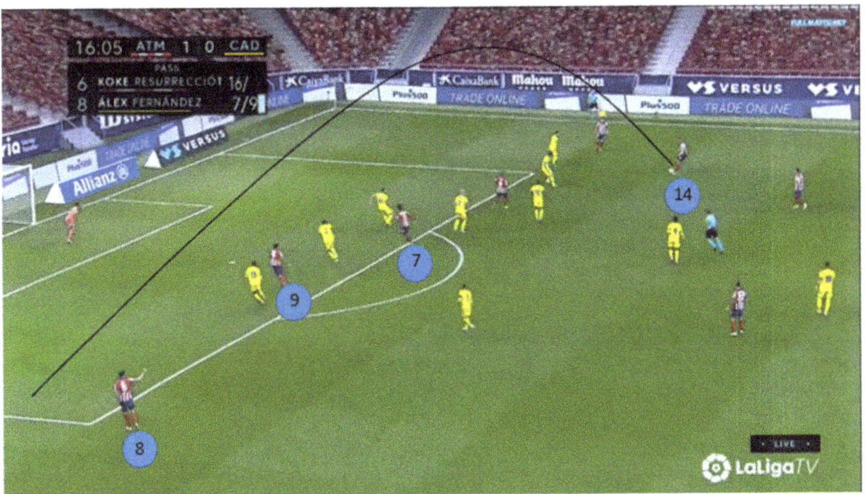

Imagen 72.

Enviar balones al área a la desesperada no es el plan del "nuevo" Atlético de Simeone. Esto se refleja en las estadísticas, que indican que los centros han disminuido aun con un aumento considerable en la posesión en campo contrario. Aunque a los de Simeone les cueste encontrar espacios ante una defensa replegada, casi siempre tienen una opción de pase mediante el cambio de orientación para intentar descolocar a su rival.

En la imagen 72, João Félix (7) y Suárez (9) buscaban el remate en el área, pero Marcos Llorente (14) decidió darle continuidad al avance para crear una ocasión de gol en mejores condiciones y cruzó el balón para el carrilero izquierdo, Saúl (8), quien recibió en la banda izquierda.

CONCLUSIÓN

El Atlético llega de una manera más fluida a los metros finales gracias a la calidad de jugadores creativos como João Félix. Además, los desmarques de Llorente, los movimientos de Suárez en el área, las alternativas con jugadores como Correa y Lemar, la incorporación de segunda línea de distintos futbolistas, y las ventajas que encuentra el equipo en la zona de creación debido a una mejor salida de balón, están dando muchas más variantes al ataque de los del Cholo Simeone.

La evolución es integral. Por eso, aunque las fases del juego se separen para el análisis al detalle, es importante relacionarlas todas.

PRINCIPIOS Y SUBPRINCIPIOS OFENSIVOS

Este apartado es importante para entender los comportamientos que Simeone busca en su equipo, independientemente de los jugadores y sistemas. También sirve para explicar diversos puntos del modelo de juego de forma práctica.

Amplitud

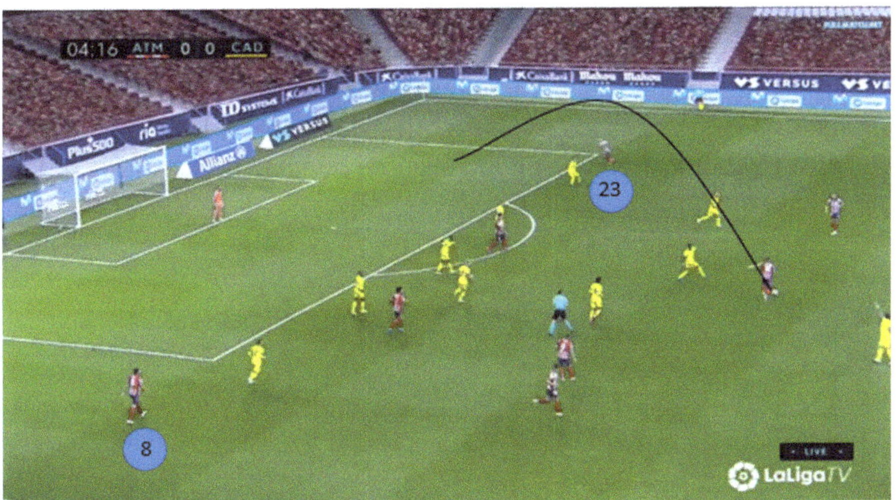

Imagen 73.

Este principio táctico es muy importante en los equipos de Simeone. Trippier (23) es el encargado de cumplirlo por la banda derecha, mientras en la otra banda, en esta acción, se encuentra Saúl (8). Las variantes tácticas en este sentido se encuentran en quién da la amplitud por el costado izquierdo:

- cuando juega Hermoso, suele ser el carrilero (Carrasco o Vitolo, generalmente) o el extremo que juega por delante de él (como es el caso de Saúl).

- cuando juega Lodi es bastante común que sea el lateral brasileño el que dé amplitud por la banda izquierda. Sin embargo, dependiendo de la situación también es posible que lo haga el extremo que juegue por delante de él.

También existe una pequeña variación dependiendo de si en banda izquierda se sitúa Hermoso o Renan Lodi, ya que eso cambia la libertad para incorporarse al ataque de Trippier.

- cuando juega Hermoso, Trippier es consciente de que es normal que haya tres defensas por detrás para la posible acción del contraataque rival.

- cuando juega Lodi, Trippier es consciente de que lo habitual es que solo la pareja de centrales haya mantenido su posición.

Por eso, Trippier se hace más presente en ataque cuando el Atlético juega con tres centrales o cuando Hermoso actúa como lateral. En la imagen 73 vemos una acción en la que Trippier recibió el balón dentro del área rival (posición que ocupó al saber que Hermoso estaría detrás de él ante una posible pérdida).

Profundidad

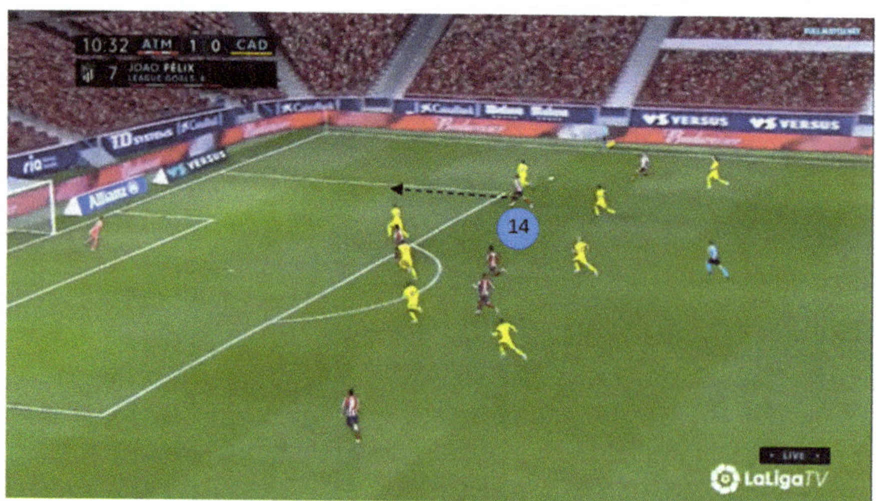

Imagen 74.

La profundidad es un principio táctico vital tanto para crear espacios entre las líneas de centrales y mediocentros del rival como para crear oportunidades de gol a la espalda de la defensa. Como no podía ser de otra forma, en la imagen 74 aparece Llorente (14) atacando el espacio entre el central y el lateral contrario. Este es uno de los recursos que más se repiten en el Atlético del Cholo para ganar la línea de fondo.

Tercer hombre

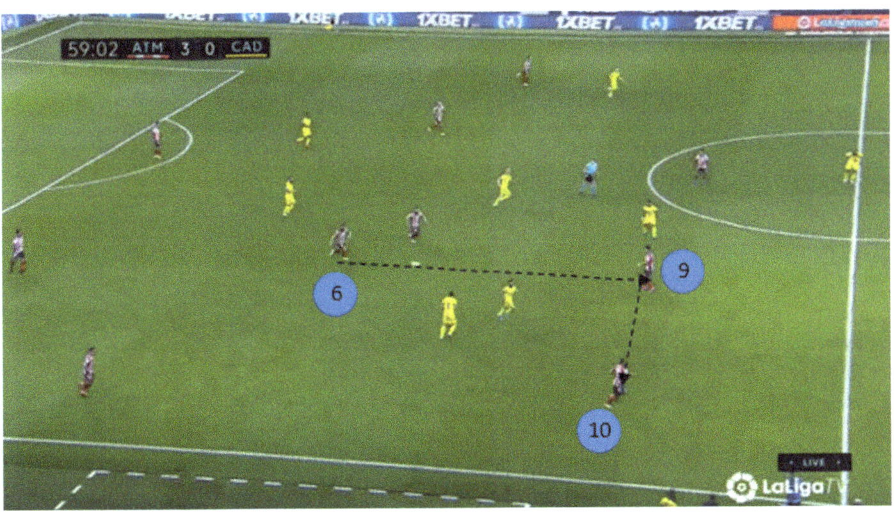

Imagen 75.

Lo más común en este Atlético es ver esta situación de tercer hombre con Suárez (9), como elemento alejado, debido a su función de delantero fijador (imagen 75).

¿Qué se necesita para que se dé este principio de tercer hombre?

- Un futbolista con capacidad para batir líneas de presión con un buen pase, como Koke (6).
- Un jugador alejado que sepa poner de cara a futbolistas de segunda línea, como Suárez (9).
- Un mediapunta que busque el espacio libre para recibir el balón de frente a la portería adversaria, como Correa (10).

Esos tres fueron los futbolistas en este caso, lo cual no quiere decir que deban ser siempre los mismos. Estas acciones se dan durante un partido con más frecuencia de las que el aficionado pueda imaginar.

Marcelo Bielsa considera este concepto como el que determinará el fútbol del presente y del futuro, entre otros entrenadores que valoran este principio. Es imprevisible y difícil de defender, ya que un tercer jugador (Correa en el ejemplo) se desmarca no para el jugador que tiene el balón (Koke), sino para el que lo va a recibir (Suárez).

Cambio de orientación

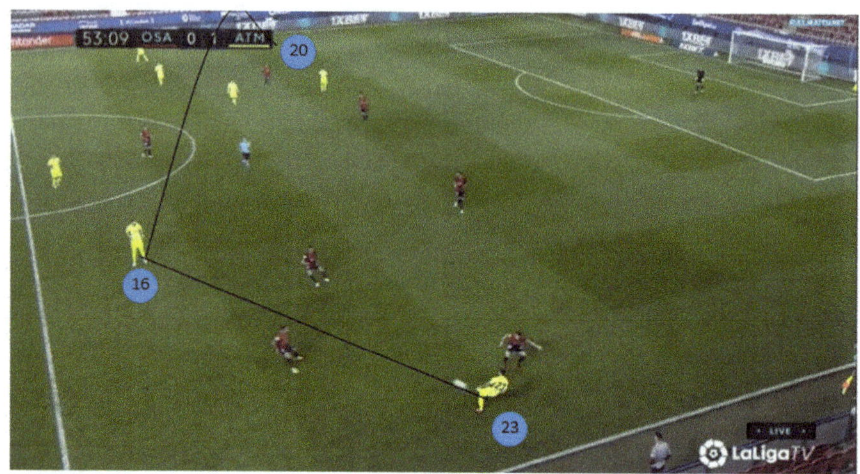

Imagen 76.

En el fútbol es muy importante una circulación de balón rápida, de un lado a otro, para descolocar a la defensa rival. En la acción de la imagen 76 el balón fue de Trippier (23) a Vitolo (20), pasando por Herrera (16), en solamente dos pases. Esto se debió a la amplitud, además de las buenas acciones técnicas individuales.

Vigilancias

Imagen 77.

Ya lo hemos visto anteriormente, pero es importante recalcar este principio. Si bien los futbolistas empleados para este propósito pueden cambiar, es difícil que los de Simeone estén mal posicionados para afrontar posibles transiciones ataque-defensa.

Es un concepto que se ve de manera marcada con Hermoso (22), el central izquierdo en el sistema con tres centrales, quien habitualmente mantiene la posición para que el equipo no pierda el equilibrio y no se vea demasiado expuesto ante una pérdida de balón (imagen 77). Además, es un defensa que acostumbra a dar siempre un apoyo por detrás a sus compañeros debido a sus buenas condiciones técnico-tácticas. En definitiva, es un seguro a nivel defensivo y un apoyo constante para mantener la posesión.

Ayudas permanentes al poseedor del balón

Imagen 78.

Una imagen similar a la 78 la hemos visto anteriormente, con Koke apoyando en corto a los centrales para lograr superioridad numérica en la salida de balón. En este caso fue Saúl (8) quien recibió. Lo importante es que siempre debe haber movimientos sincronizados del equipo para dar soluciones al poseedor. En este ejemplo, Giménez (2) contaba con muchas alternativas de pase.

Como se observa, el Bayern presionó con tres futbolistas pero los de Simeone dispusieron de cinco jugadores cerca de la pelota. Este principio consiste en buscar superioridades (numéricas, posicionales o ambas) y a partir de ahí superar líneas.

Espacio libre

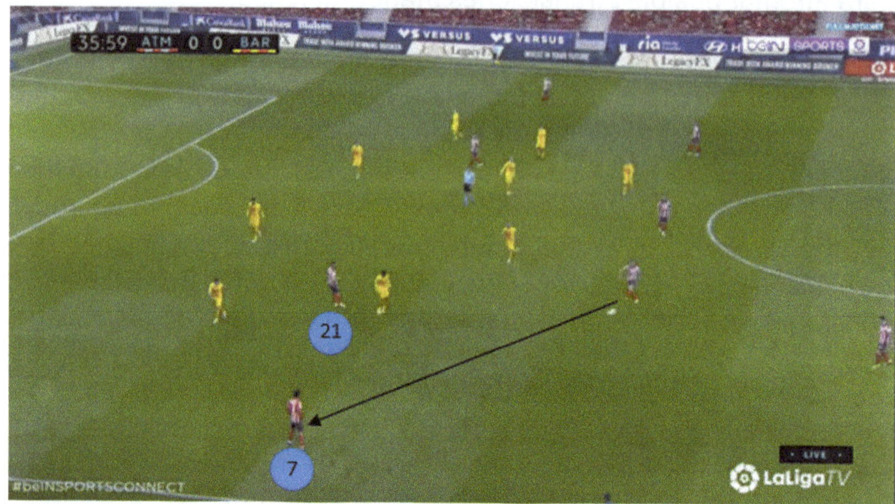

Imagen 79.

Este es un principio que se relaciona con intercambios o movimientos para generar lugares en los que recibir con tiempo y espacio. Donde más se repita con éxito es en la zona del campo que vemos en la imagen 79: en esta acción, Carrasco (21) abandonó su colocación inicial para dejarle ese espacio libre a João Félix (7), que recibió el balón. Se puede ver en más sectores, lógicamente, pero en estas jugadas es más sencillo de visualizar y más efectivo.

CAPITULO 5

TRANSICIÓN ATAQUE – DEFENSA

> Mourinho: "Los dos momentos más importantes del juego son el momento en que se pierde el balón y el momento en que se gana, ya que se producen alteraciones en los jugadores".

REPLIEGUE O *PRESSING*

Dentro de las distintas situaciones que se producen tras una pérdida de balón, es habitual ver una alternancia entre repliegue y *pressing*. Esto depende, en gran medida, de dos factores:

1. La zona del campo en la que se produce la pérdida.
2. Situación de jugadores cercanos a la pérdida del balón.

No hay una fórmula exacta para afrontar este tipo de acciones. Aun así, lo que sí es importante para disminuir las posibilidades de un contraataque rival es que se hayan dado las oportunas vigilancias en ataque y se haya mantenido un mínimo de equilibrio.

Obviamente, la decisión final corresponde a los futbolistas. En el Atlético de Simeone, en la mayoría de las ocasiones se intenta que el adversario no se sienta cómodo y se pretende llevar a cabo una presión sobre los contrarios cercanos al balón. Lo ideal es que esta acción acabe con la recuperación de la posesión; pero cuando no es posible, también, suele ser bastante común que el conjunto colchonero realice una falta táctica.

De todas formas, también hay otras situaciones en las que se producen temporizaciones defensivas. En la mayoría de las ocasiones estas acciones se producen cuando el rival ha conseguido salir victorioso de esa presión ejercida en las proximidades de la pelota.

ZONA DEL CAMPO

Uno de los factores más importantes de la fiabilidad del equipo de Simeone es que apenas se producen pérdidas de balón en las zonas de iniciación y creación. Esto lo logra por no arriesgar en exceso y por las superioridades numéricas cuando combina desde atrás. Al partir de que los sectores del campo en los que el Atlético se enfrenta a este tipo de transiciones ataque-defensa suelen ser en campo contrario, la amenaza de peligro es menor.

SITUACIONES

Situación 1: presión tras perdida - pérdida en la zona de finalización

Imagen 80.

El Valencia recuperó el balón y recibió Gonçalo Guedes (7), que estaba de espaldas a la portería y en un lugar de peligro como para perder el balón (imagen 80). Eso lo sabían los de Simeone, que estaban completamente situados en campo rival, como refleja la posición del central Savić (15), y produjeron un tres contra uno en el que volvieron a obtener la posesión en campo contrario. Esta acción ejemplifica el escenario ideal y lo que el Atlético trata de llevar a cabo si es posible.

Imagen 81.

En esta acción ocurrió lo mismo, pero por la otra banda (imagen 81). Hermoso (22) acabó recuperando en campo adversario. Para este tipo de situaciones es clave la lectura táctica de Savić y Hermoso: ambos tienden a corregir muy bien ese espacio que dejan los carrileros de su banda al atacar.

Situación 2: reactivación tras pérdida

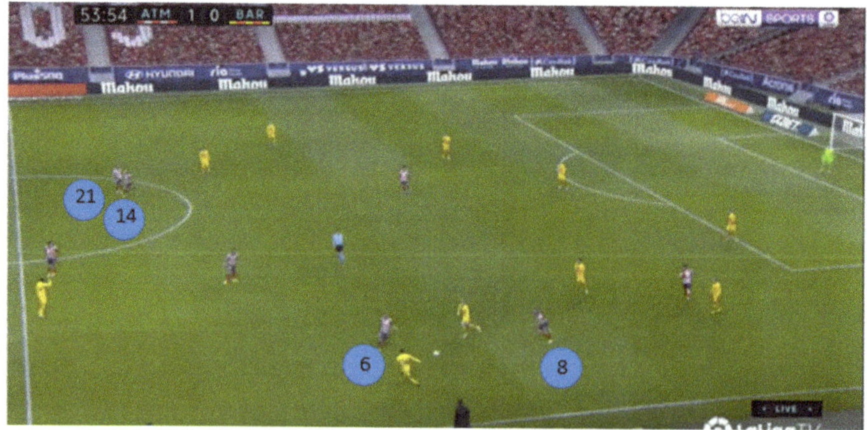

Imagen 82.

Para el Cholo Simeone es muy importante tener un jugador como Koke (6), quien se podría decir que es la prolongación del entrenador en el campo. Su gran lectura del juego y su compromiso siempre están a disposición del equipo. Esta acción es otra muestra de ello, y un buen ejemplo de cómo convertir una transición ataque-defensa en una situación positiva. ¿Cómo lo consiguió Koke (6)? Al ser capaz de recuperar la posesión de balón de manera casi inmediata.

Para ello es importante estar bien situado en la fase de ataque. No quiere decir que no pueda haber cierto desorden, como el que se puede ver con la incorporación de Saúl (8), con la posición centrada de Carrasco (21) o con Llorente (14) más atrasado de lo habitual (imagen 82). Pero sí que es importante que exista un cierto equilibrio y que haya jugadores bien posicionados para presionar tras pérdida, como es el caso de Koke (6). Esto se entrena, pero es verdad que tener un jugador como el capitán español (6) lo hace mucho más fácil.

Situación 3: Temporización defensiva

Imagen 83.

Este principio se relaciona con retrasar el ataque del rival para poder recomponer la defensa y lograr un reposicionamiento efectivo. En la imagen 83, se ve una recuperación del Barcelona en su propio campo, en la que Llorente (14) y Carrasco (21) se encontraban en posiciones más adelantadas de las que suelen tener en fase defensiva, sobre todo en un partido ante un equipo como el catalán.

Imagen 84.

Nueve segundos después, el Atlético ya recuperó su disposición habitual (imagen 84). Cabe destacar que este esfuerzo físico extra que Simeone les pide especialmente a sus jugadores, en especial a dos, no se lo pide a cualquiera. Se lo reclama a futbolistas con una gran condición física como Llorente (14) y Carrasco (21).

- Carrasco (21) regresó al campo propio para incrustarse en la defensa de cinco con la que se desarrolla la fase defensiva. Lo hizo tras haberse desplegado en ataque para aportar amplitud y profundidad por la banda izquierda.

- Llorente (14) volvió a la línea de tres centrocampistas en defensa, luego de una acción en la que estaba aportando profundidad en ataque.

Estos esfuerzos son necesarios para recuperar el equilibrio en la fase defensiva.

Situación 4: temporización o anticipación

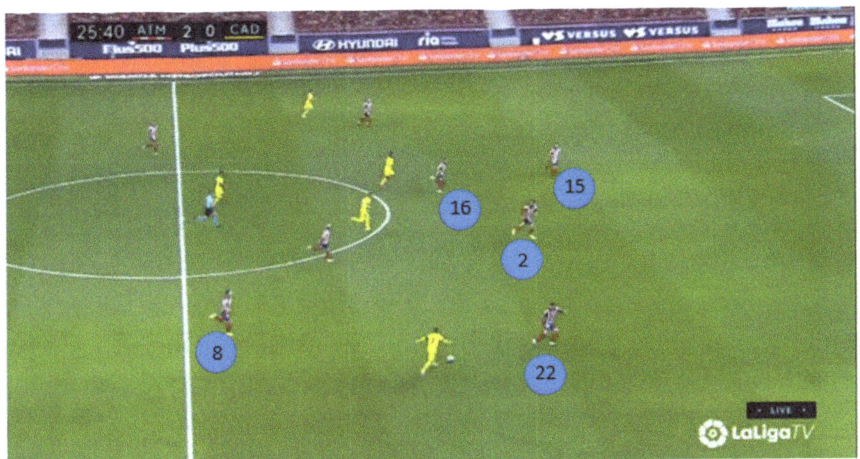

Imagen 85.

Estos momentos componen otra razón para entender el fútbol como una fase única. Entre otras cosas, la posición de Hermoso (22) en ataque le permite al Atlético de Madrid un buen posicionamiento ante contragolpes. En este caso, una pérdida en la zona de creación dejó a Saúl (8) por delante del balón y sin opción para intervenir (imagen 85). Pero estas situaciones no son del todo preocupantes para el conjunto colchonero porque tiene cómo reducir el porcentaje de peligro.

Casi siempre hay cuatro futbolistas que guardan la posición para no estar demasiado expuestos en caso de pérdida:

- tres centrales, en este ejemplo Savić (15), Giménez (2) y Hermoso (22).

- el mediocentro, en este caso Herrera (16), o un centrocampista.

Es destacable la lectura de juego de Hermoso y sus cualidades para enfrentarse a este tipo de situaciones con mayor éxito del habitual.

Imagen 86.

Un ejemplo claro se aprecia en la imagen 86. Una de las virtudes en el aspecto defensivo de Hermoso (22) es la anticipación. En esta situación, el Bayern inició una transición defensa-ataque que apenas duró unos segundos debido a la gran lectura táctica del español.

Como hemos visto anteriormente, Savić puede enfrentarse a este tipo de situaciones por la defensa de tres y también es capaz de resolver bien. Leer lo que pide la jugada es lo esencial en transiciones defensivas; porque no siempre se puede recuperar el balón en campo contrario y anticipar, aunque sea lo ideal, y a veces hay que temporizar y ganar tiempo para que lleguen más compañeros.

Situación 5: contraataque rival

Imagen 87.

Lo buscado y lo que hace a este Atlético de Madrid un equipo muy fiable en defensa es que la mayoría de las situaciones que se dan después de perder el balón (ya sea con un *pressing* en un primer momento o de repliegue cuando el rival ha conseguido salir victorioso), el equipo no se rompe y suele mantener el equilibrio. Aun así, obviamente no puede controlar siempre este tipo de transiciones y cuando presiona asume ciertos riesgos, ya que si el adversario mantiene el balón puede llegar con peligro.

Esto se observa en las imagen 87: Facundo Roncaglia (12) intentó un pase que llegó a Enric Gallego (19) y eso propició un contraataque del Osasuna.

Imagen 88.

Sin embargo, aunque la acción fue peligrosa, el Atlético cumplió su plan preestablecido y logró el repliegue que se puede apreciar en la imagen 88 (pasados 11 segundos). Estos son los riesgos que conlleva la presión tras pérdida, ya que si el rival realiza dos acciones técnicas de grandísimo nivel puede superar esa línea y disponer de un contraataque. Pero para los de Simeone no es demasiado habitual.

Imagen 89.

Para controlar estas situaciones es importante la lectura de los jugadores, aspecto en el que Koke (6) sobresale al ser un jugador muy inteligente a nivel táctico, como hemos comentado. En la transición de la imagen 89, en la que el Barcelona tenía mucho peligro, el Atlético de Madrid estaba descolocado tras una pérdida de Hermoso (22) y el centrocampista madrileño retrocedió para ayudar. Koke (6) siempre está bien ubicado y hace las permutas y coberturas necesarias.

Situación 6: rival con mucha presencia ofensiva

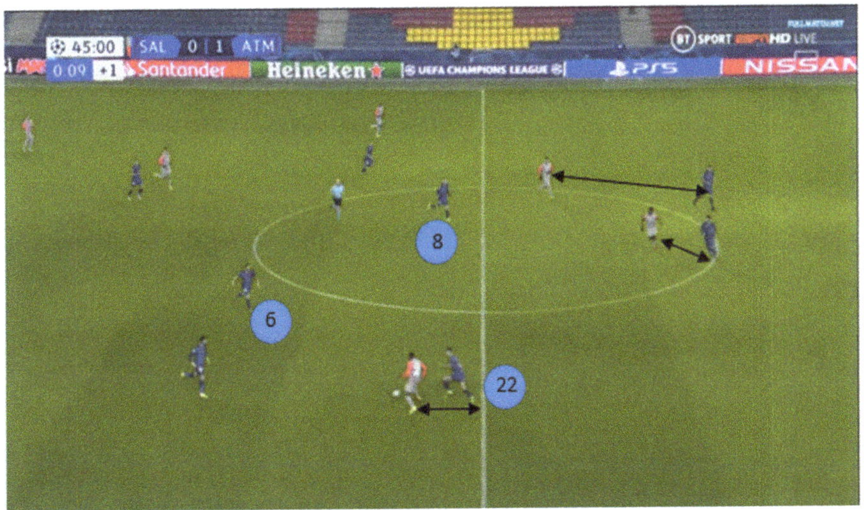

Imagen 90.

El Salzburg emparejaba en uno contra uno a sus tres atacantes con los tres defensores del Atlético de Madrid. En la transición de la imagen 90 le llegó el balón a un delantero que, tras un gran control, consiguió regatear a Hermoso (22), quien hizo falta y vio la tarjeta amarilla. En este partido, como en todos en los que el contrario tiene tanta presencia ofensiva, era muy importante que un centrocampista, como Koke (6) o Saúl (8), mantuviera una posición cercana a los defensores

para dar equilibrio y no tener un tres contra tres caso de una posible pérdida.

CONCLUSIÓN

¿Repliegue o *pressing*?

Si por algo se caracteriza la evolución del equipo de Simeone es por haber cambiado también en este sentido. La decisión de si presionar tras pérdida o replegar, viene condicionada por muchos aspectos diferentes (principalmente por factores como el rival y el resultado).

Además, hay que destacar que lo poco que pierde el balón el Atlético en campo propio representa uno de los grandes motivos por los que los de Simeone no sufren en esta fase del juego.

CAPITULO 6

DEFENSA ORGANIZADA

SITUACIONES

Situación 1: presión alta – ante salida de balón rival

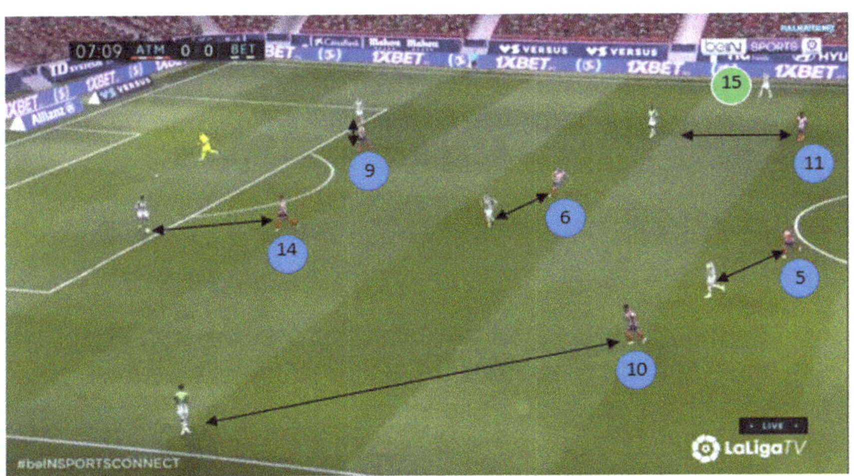

Imagen 91.

Este Atlético de Madrid es un equipo que intenta ser más presionante que en los inicios de Simeone en el banquillo colchonero, lo que también marca un rasgo de evolución. Pero ese trabajo debe ser orde-

nado. Por ejemplo, ante el Betis fue hombre a hombre de la siguiente manera (imagen 91):

- Llorente (14) y Suárez (9), los dos delanteros, presionaron uno a uno a los defensas centrales.

- En la segunda línea estuvo Koke (6), que se emparejó con Guido Rodríguez. Esto fue importante, ya que el argentino es un futbolista que aglutina mucho juego en la salida de balón del Betis y el español no lo dejó recibir cómodo. Así, también, se cumplió una premisa fundamental en una pareja de mediocentros, al manenerse escalonados. Koke (6) fue por delante y Torreira (5) se quedó más atrasado.

- Torreira (5) emparejó con Sergio Canales, uno de los jugadores más influyentes en el Betis.

- Correa (10) iba con Martín Montoya, quien recibió el balón en esta jugada. A pesar de la dsitancia entre sí, el argentino llegó para limitar su tiempo de juego y las posibilidades de pase.

- En el lado opuesto, Lemar (11) se encargó de que William Carvalho no recibiera el balón.

Como se puede observar queda un futbolista sin marcar (círculo verde). Era Álex Moreno (15), el lateral de la banda contraria donde se situaba el balón. Esta situación no es un problema para el Atlético sino que es su objetivo: es muy complicado que el balón llegue de un lado al otro por cómo dispone la presión para que el equipo rival deba seguir por la misma banda.

Si el contrario llega a juntar acciones técnicas de gran nivel (como en este caso podría ser un gran golpeo de Montoya y un buen control de Moreno) y cambia de lado, el conjunto colchonero reacciona replegando y situándose en su propio campo.

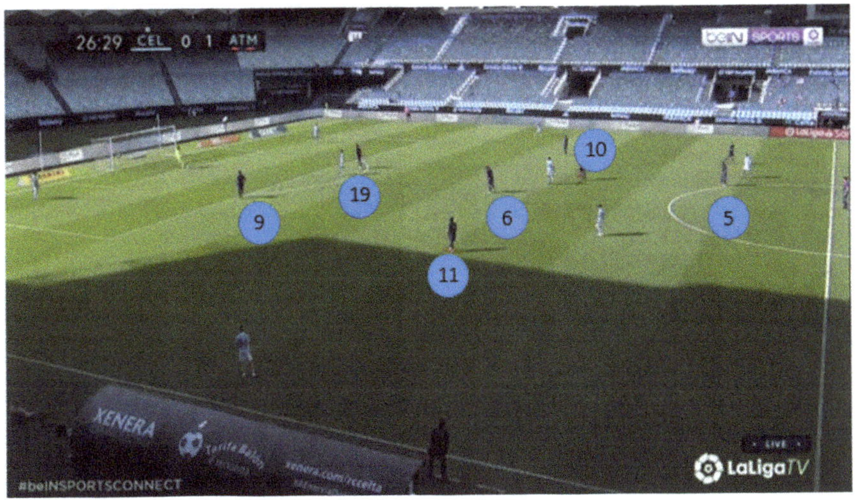

Imagen 92.

En la imagen 92 se aprecia una situación muy similar, con la única diferencia del ingreso de Costa (19) por Llorente. El Celta de Vigo es un equipo que se asemeja al Betis en cuanto a querer salir con el balón jugado desde su propio portero, por lo que los de Simeone se comportaron de igual manera.

La decisión de a qué altura presionar es estudiada por Simeone y su cuerpo técnico teniendo en cuenta las ventajas y los inconvenientes de cada alternativa. Es evidente que ante este tipo de contrarios, que acostumbran a arriesgar en exceso y no cuentan con tanta calidad como los grandes equipos, esta opción tiene más virtudes y acerca al gol.

Situación 2: presión en campo rival – bloque medio

Imagen 93.

Los de Simeone se adaptan al oponente y a la situación concreta del partido. En la situación de la imagen 93 los dos atacantes, que eran João Félix (7) y Correa (10), presionaron tapando las líneas de pase pero sin que el resto del bloque avanzara en exceso. Como el Osasuna buscaba lanzar pases largos, el Cholo quería que las dos líneas se mantuvieran juntas para ganar la segunda jugada.

El Atlético no pretendía arriesgar adelantando sus líneas de presión ante un equipo sin la intención de jugar en campo propio, como ocurrió con el Betis y el Celta. Además, no es lo mismo intentar presionar cuando el contrario tiene el balón en su propia área (situación 1) que cuando lo tiene más controlado en la mitad de su propio campo (situación 2).

El conjunto colchonero es muy camaleónico en este sentido. Las circunstancias que definen si se adapta a presionar más arriba o a mantenerse en un bloque medio son:

1. La idea de juego del equipo adversario.
2. El contexto (resultado, estado físico en ese momento y plan de partido, entre otros aspectos).

3. Las características de los futbolistas ofensivos del Atlético. Con jugadores de menor velocidad de punta, como Suárez, es más atractivo ir arriba para que esté cerca del área, mientras que con futbolistas más rápidos pueden defender en bloque bajo para poder contraatacar.

4. La situación en la que se encuentre el bloque defensivo, si está ordenado como para realizar una presión coordinada o si, por el contrario, es mejor replegar para volver a ordenarse.

5. La zona del campo.

Situación 3: defensa en bloque medio – ante zona de creación rival

4-4-2

Imagen 94.

El Betis es un equipo que realiza un juego combinativo; por lo que, ante este tipo de rivales, los del Cholo tratarán de mantener el equilibrio en todas sus líneas para dejar la menor cantidad de espacios posibles. La disposición puede cambiar en función del sistema y de los jugadores, pero hay varias premisas que siempre se deben cumplir para garantizar la seguridad defensiva:

- reducir al mínimo los espacios.
- mantener el equilibrio.
- bascular de manera coordinada.
- realizar coberturas y permutas.
- replegar.

Para todo ello es muy importante la predisposición de todos los futbolistas, en lo que Simeone es un experto en convencer a sus jugadores de que su esfuerzo es vital para el equipo. En la imagen 94 vemos un 4-4-2 con el extremo izquierdo, Ángel Correa (10), que parece estar entre la línea de mediocampistas y la de defensas. Es algo común para ciertas situaciones.

Situación 4: defendiendo la amplitud rival

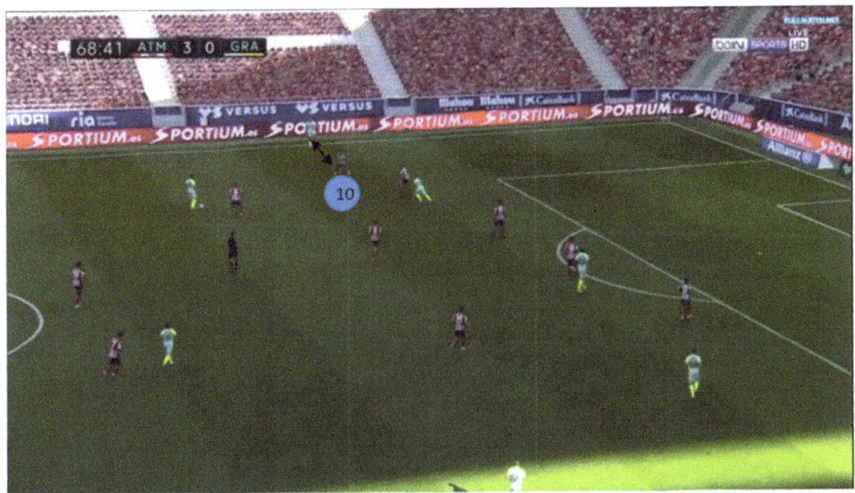

Imagen 95.

En la imagen 95 se repite la ubicación de Correa (10), pero se trata más de una situación circunstancial en la que a menudo el extremo ayuda a la línea defensiva. Esto se da para hacer frente a la incorporación del lateral rival y evitar la superioridad numérica de los atacantes.

En este caso, el sistema del Atlético era el 4-4-2 más tradicional de la era Simeone, ya que aún no se había dado la evolución del equipo. Pero las ayudas de los extremos eran habituales y con el nuevo sistema también se suelen ver, con un delantero eventualmente sumado a la línea de mediocampistas para igualar numéricamente al oponente.

Situación 5: defensa en bloque medio - ante zona de creación rival

5-3-2

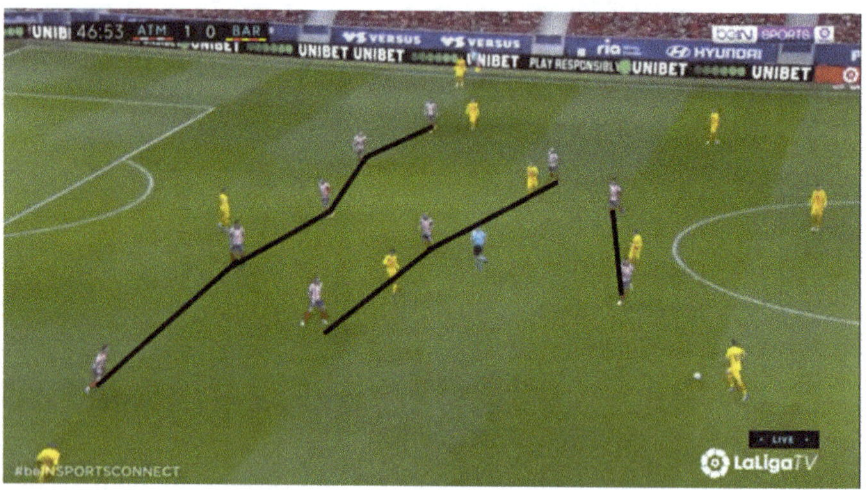

Imagen 96.

Con el nuevo sistema los de Simeone logran defender mejor la amplitud del rival, como así también la zona entre los carrileros y los centrales exteriores. Si bien la segunda línea tiene un hombre menos, el esfuerzo de los mediocampistas (con jugadores de mucha presencia física como Saúl o Llorente) lo compensa. Para un correcto ejercicio defensivo es muy importante tanto la basculación de los centrocampistas como el equilibrio (poca separación entre líneas) que se ve en la imagen 96.

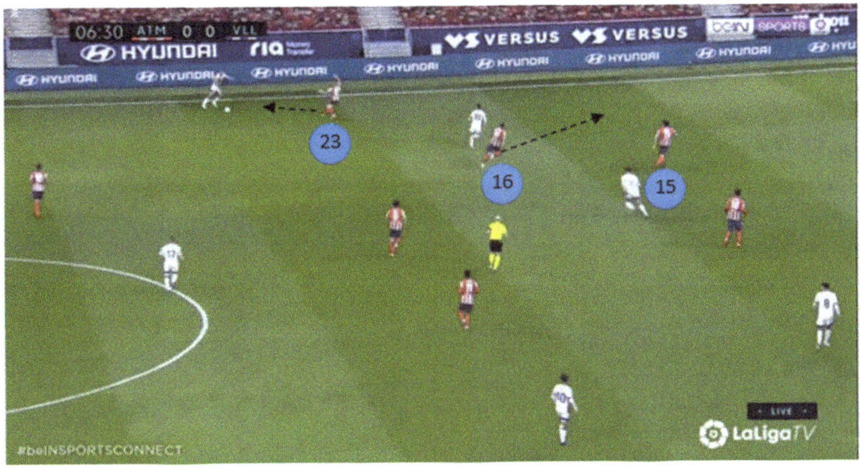

Imagen 97.

En la imagen 97 se ve cómo un carrilero, en este caso Trippier (23), puede saltarle al rival cuando recibe balón porque el espacio a su espalda está bien cubierto. Fueron Herrera (16) y Savić (15) quienes hicieron la cobertura y le permitieron al inglés presionar de manera eficaz.

Este tipo de situaciones, en las que el lateral oponente es buscado, se enfrentan con un comportamiento similar a equipos anteriores en la etapa de Simeone en el Atlético. Antes, con el 4-4-2, el extremo hacía ese sobreesfuerzo, mientras que con tres centrales es el carrilero el que sale cuando el rival está en las zonas de creación o finalización.

Situación 6: defensa ante rival con mucha movilidad

La estrategia contra conjuntos que utlizan rotaciones y cambian, constantemente, sus posiciones cambia ligeramente de lo habitual.

Un buen ejemplo se dio contra el RB Salzburg, un equipo vertical con laterales ofensivos y dos interiores que cuentan con libertad para pisar distintas zonas.

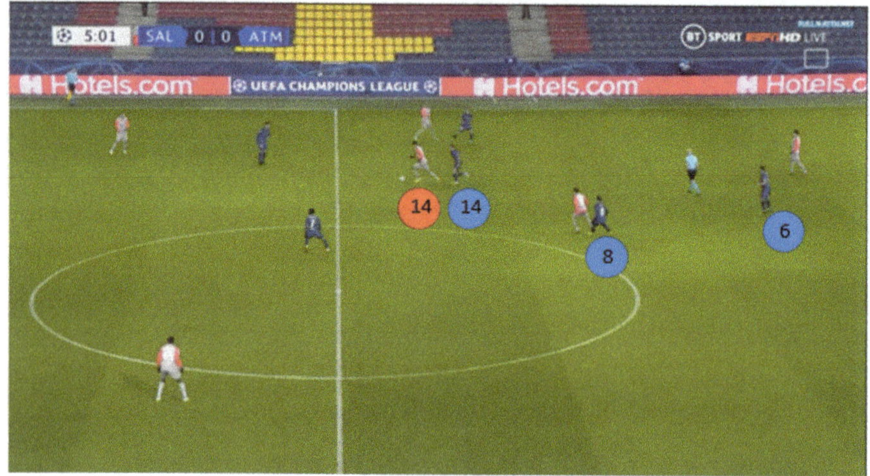

Imagen 98.

Un centrocampista presiona en todo momento al interior de su banda (imagen 98), en este caso con Llorente (14) sobre Dominik Szoboszlai (14); mientras tanto los otros dos lo cubren, como hicieron Koke (6) y Saúl (8).

Imagen 99.

El otro mediocampista externo, Saúl (8), hace lo propio con el adversario de su lado, en este caso Enock Mwepu (45). El comportamiento colectivo es que cuando uno de los interiores del Atleti adelanta su posición, los otros dos centrocampistas lo cubren; como sucedió en esta ocasión con Llorente y Koke, aunque no se aprecie en la imagen 99. Siempre hay como mínimo dos futbolistas manteniendo la posición.

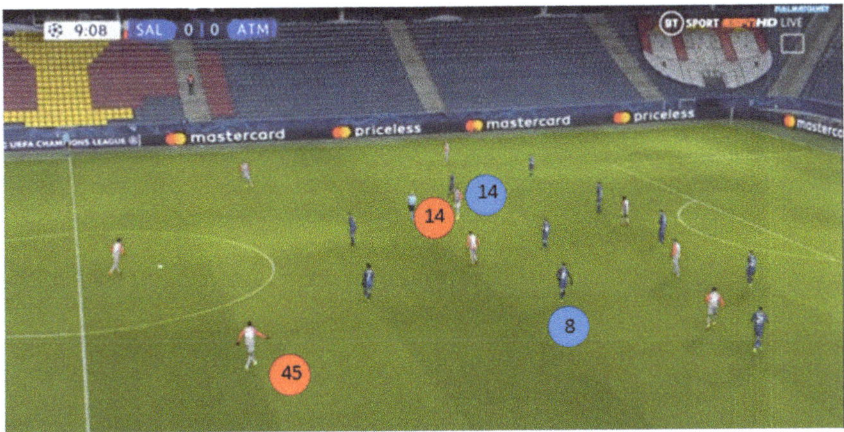

Imagen 100.

En la imagen 100 se aprecia una diferencia: Mwepu (45) formó una defensa de tres y Saúl (8) se quedó en su posición, ya que el equipo se encontraba dispuesto en un bloque medio-bajo pero mantuvo la vigilancia por si el "45" del Salzburg se incorporaba al ataque. En cambio, Llorente (14) siguió de cerca a Szoboszlai (14).

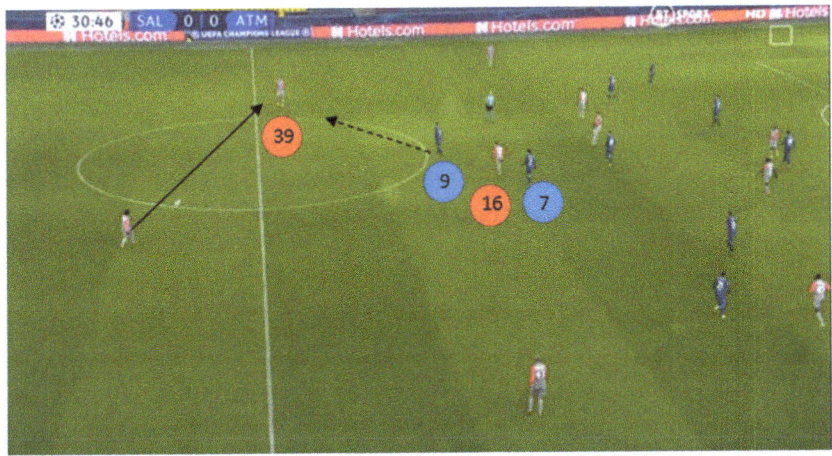

Imagen 101.

Por otro lado, en estas situaciones es importante que la presión de los dos delanteros, en este caso João Félix (7) y Suárez (9), se produzca tapando líneas de pase con el mediocentro contrario, Zlatko Junuzović (16) en el RB Salzburg. En la imagen 101, el uruguayo salió hacia Maximilian Wöber (39), que recibió, pero el portugués (7) mantuvo su lugar para que no recibiera Junuzović (16). En esos casos, la carrera de Suárez (9) debe ser direccionada hacia el costado y tapando la línea de pase con el otro defensa central.

Imagen 102.

Para entenderlo mejor es bueno ver una ejecución errónea. En la imagen 102 un fallo derivó en un cambio de orientación de Junuzović (16), que controló sin marca en el centro del campo. Cuando un delantero salta a un central, el otro debe cubrir al mediocentro; lo que no ocurrió, Félix (7) salió y Suárez (9) no retrocedió sobre Junuzović (16). El uruguayo se quedó en una posición en la que no aportó nada; ya que el portugués, con un *pressing* direccionado, ya evitaba un pase con el otro central. Además, si llegara a darse ese pase sería menos peligroso que si recibiese el mediocentro pivote (16).

Debido a esta situación, Koke (6) se quedó en tierra de nadie teniendo que cubrir a dos futbolistas a la vez, por lo que comenzaron a producirse desventajas en cadena. Esta situación se debió a que el Atlético trataba de dejar a cuatro futbolistas marcando a los tres atacantes del RB Salzburg, aunque aplica para otros encuentros y escenarios.

Por eso es importante que los movimientos de los delanteros sean compenetrados y logren evitar que el mediocentro contrario reciba en ventaja. Deben marcar a dos o tres rivales, pero no con la obligación de recuperar sino con la de no darle ventajas a ese futbolista.

Situación 7: defensa en 5-3-2 ante un mismo sistema

Imagen 103.

En esta situación es interesante ver cómo los carrileros de ambos equipos se emparejan en el campo. En la imagen 103, Trippier (23) consiguió anticipar a su rival y así recuperar la posesión.

Otro detalle para considerar de la táctica defensiva del Atlético, en estos escenarios, es cómo Llorente (14) le saltó al central izquierdo. Por eso, el único jugador del Bayern, aparentemente, sin marca cercana era el carrilero del lado contrario, aunque Carrasco (21) estaba atento en caso de un pase largo. Aun así, era muy difícil que le llegara el balón porque la presión era buena y estaba direccionada hacia esa banda izquierda.

Imagen 104.

Además, en ese encuentro el Bayern propuso una salida con un posicionamiento similar al del Atlético, con Lucas Hernández (21) abierto y dispuesto a cerrarse para formar una línea de tres cuando los centrales tenían el balón (imagen 104). Ante esa situación, con superioridad numérica del conjunto alemán, Simeone no asumió riesgos: a diferencia de otros partidos con una presión alta, como hemos visto en la situación 1, su equipo se replegó más (algo seguramente vinculado al análisis del contexto y la capacidad para progresar desde atrás de los bávaros).

Buena salida de balón del Bayern

Imagen 105.

La capacidad del Bayern para proponer un juego combinativo que superara líneas de presión era capaz de dibujar situaciones como la de la imagen 105. Pero es de destacar la lectura de Hermoso (22), que salió de su zona para frenar la jugada. Esa falta táctica fue importante porque si Sané salía victorioso de esa acción, la superioridad numérica en ese ataque hubiese supuesto un problema difícil de resolver. De todas formas, los del Cholo no se enfrentan mucho a este tipo de situaciones.

Situación 8: presión desde repliegue intensivo

Imagen 106.

Entre las imágenes 106 y 107 hay ocho segundos de diferencia. En la primera se ve al Atlético de Madrid defendiendo en un bloque bajo, pero tras un pase atrás del Bayern comenzó la presión desde repliegue intensivo. Este movimiento siempre lo inician los dos atacantes, pero es acompañado por todo el equipo para mantener un equilibrio.

Imagen 107.

La acción terminó con una recuperación de balón del Atlético tras una presión bien direccionada, tapando líneas de pase y reduciendo de a poco los espacios. Esta jugada demuestra la importancia de entender bien cuál es el momento de dar un paso hacia delante en la presión.

El tema de la presión varía mucho dependiendo del encuentro y de lo que Simeone considere conveniente, pero es habitual ver una alternancia en el *pressing*. Dependiendo del partido se puede dar por estos dos aspectos o incluso ambos.

1. En altura (lo que hemos visto en la situación 1).
2. Desde el repliegue intensivo (explicado en este apartado).

La elección de Simeone está muy estudiada en cada encuentro y depende de la forma de jugar del rival y de los riesgos que se esté dispuesto a asumir. En este aspecto, a partir de su evolución, el equipo del Cholo es cada vez más completo. En el inicio del ciclo era mucho más habitual ver al conjunto colchonero en un repliegue constante, pero esta alternancia enriquece más al equipo en el aspecto táctico.

Imagen 108

Ante el Real Madrid, el Atlético también trató de presionar arriba cuando era posible. En la acción de la imagen 108, una serie de pases atrás acabó con el balón en Courtois (13) y los de Simeone lo aprovecharon para ganar terreno. Se ve a Suárez (9) direccionando la presión hacia un lado y a João Félix (7), que estaba con el mediocentro, dispuesto a saltar a Raphaël Varane (5) tapando la línea de pase.

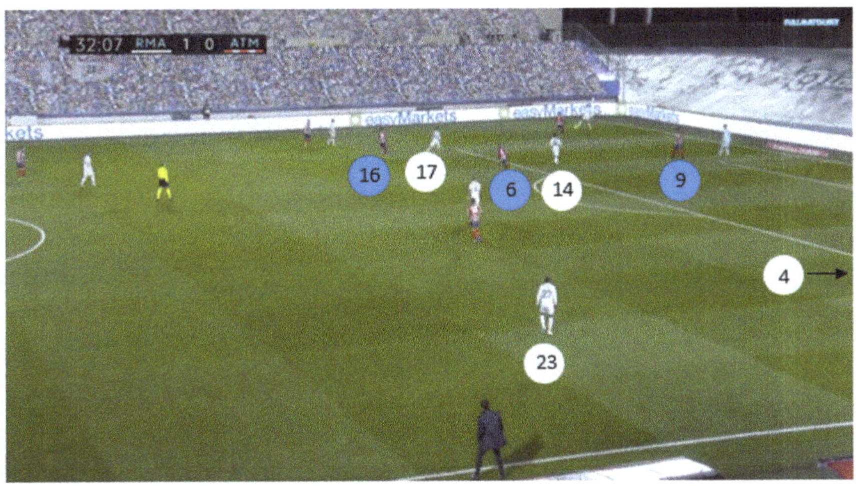

Imagen 109

En la continuidad (imagen 109), Koke (6) saltó con Casemiro (14) y Herrera (16) fue con Lucas Vázquez (17). Todos quedaron empareja-

dos excepto Ferland Mendy (23) y Sergio Ramos (4), ya que era muy difícil que recibieran. El propósito de la presión era que los jugadores del Madrid no pudieran perfilarse hacia adentro, sumado al riesgo que conllevaba un pase horizontal en esa zona.

La presión fue muy buena desde el inicio con Suárez (9), que la marcó con su movimiento, al acompañamiento del bloque con todos sus compañeros. Con este ejemplo queda claro que el estilo del oponente no es ningún problema para que los de Simeone ejerzan una presión alta.

Situación 9: defensa en zona de finalización rival

4-3-1-2 o 4-3-2-1

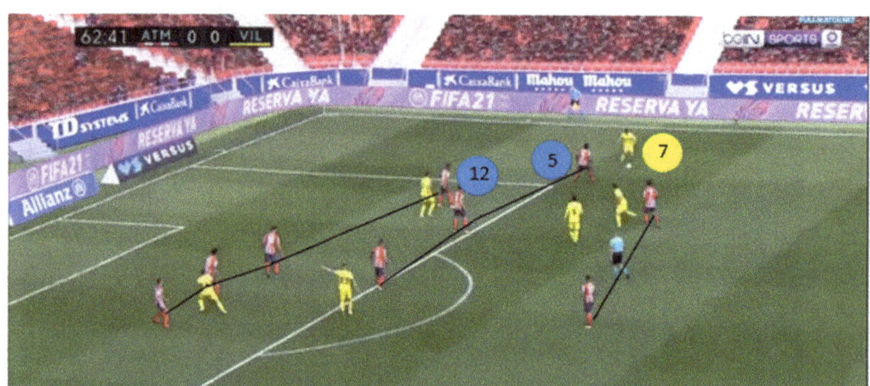

Imagen 110

Cuando el Atlético de Madrid se dispone en un 4-3-2-1 en defensa, el jugador que defiende la amplitud varía en función de la posición en el campo en cada momento. Esto corresponde a la lectura táctica de los futbolistas en la jugada y, sobre todo, a su posicionamiento en ese instante. En la imagen 110 vemos cómo fue Thomas Partey (5) quien defendió a Gerard Moreno (7), mientras Lodi (12) manteníá una posición más cercana a la portería.

Imagen 111.

En cambio, en la acción de la imagen 111 fue Lodi (12) el que salió a tapar a banda y ese espacio tan complicado de defender entre defensa y lateral tuvo que ser compensado con la cobertura de un mediocampista, en este caso Saúl (8). Pero es muy difícil que el mediocentro llegue a tiempo en este tipo de jugadas y por eso Mario Gaspar (2) dispuso de una clara ocasión.

Ese partido ante el Villarreal, seguramente, hizo reflexionar a Simeone sobre la defensa de esa zona tan peligrosa, por lo que puede ser un motivo para que el equipo finalmente evolucionara al 5-3-2 en defensa.

Situación 10: defensa en zona de finalización rival

5-3-2

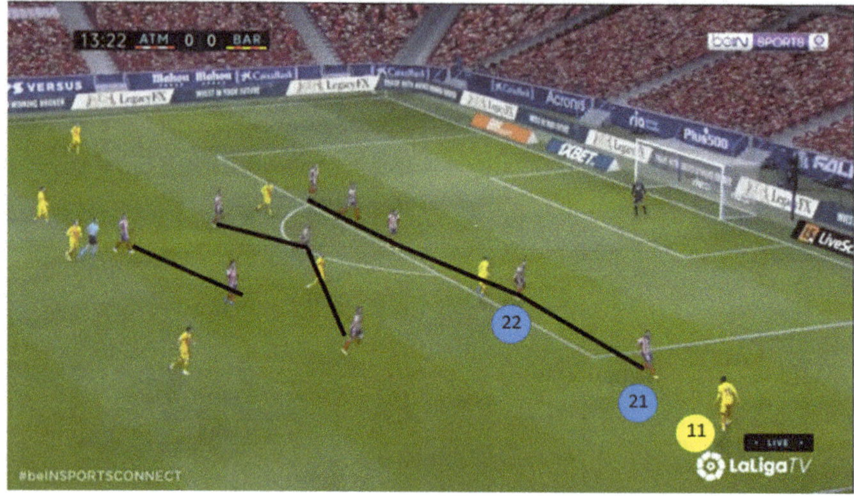

Imagen 112.

En la acción de la imagen 112 fue Carrasco (21) el que se encargó de defender el ancho del campo. Hermoso (22) cubrió ese espacio tan sensible entre carrilero y central. Además, durante el transcurso de ese partido, Simeone dio muestras de su capacidad de intervención e introdujo una variante para afrontar esa situación peligrosa de Ousmane Dembélé (11) con tiempo y espacio para encarar a Carrasco (21).

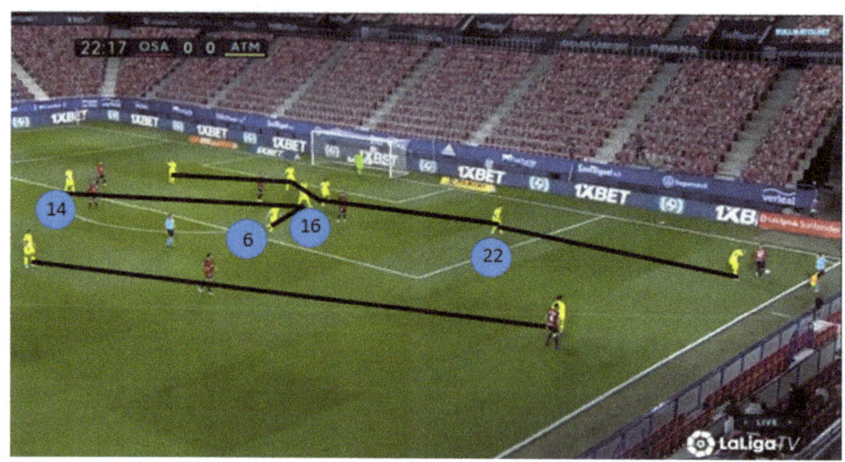

Imagen 113.

En la imagen 113 fue Vitolo (20) quien encimó al lateral contrario, con Hermoso (22) atento y dando respaldo por detrás. Los centrocampistas Koke (6), Herrera (16) y Llorente (14) se sumaron a la defensa del área por si era necesario; si no, permanecían en la frontal para ganar la segunda jugada.

¡Qué importante es la segunda jugada en el fútbol! Es una acción en la que el Atlético se siente cómodo debido al compromiso de sus jugadores y al equilibrio en la fase defensiva. Si hay poca separación entre las distintas líneas es más fácil defender este tipo de jugadas.

Situación 11: posibles debilidades en zona de finalización rival

No son muchas las debilidades de los de Simeone en el aspecto defensivo. Sin embargo, siempre se puede mejorar y es importante conocer las falencias para saber qué tipo de rival puede ser complicado para los del Cholo y, en el caso del cuerpo técnico, para corregirlas.

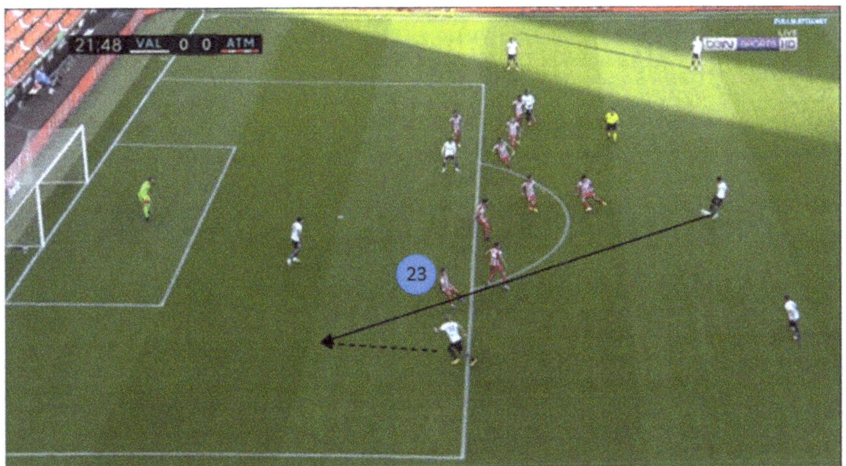

Imagen 114.

El Atlético está concediendo muy pocas ocasiones. Debido al nuevo sistema defiende la zona entre central y carrilero con mucho éxito, algo que se debe al entendimiento de la posición de Savić y Hermoso. Aun así, los rivales han encontrado otra forma de atacar esos espacios, que han servido para crear ocasiones muy peligrosas a la espalda de Trippier (23) cuando el rival tiene el balón por el lado contrario.

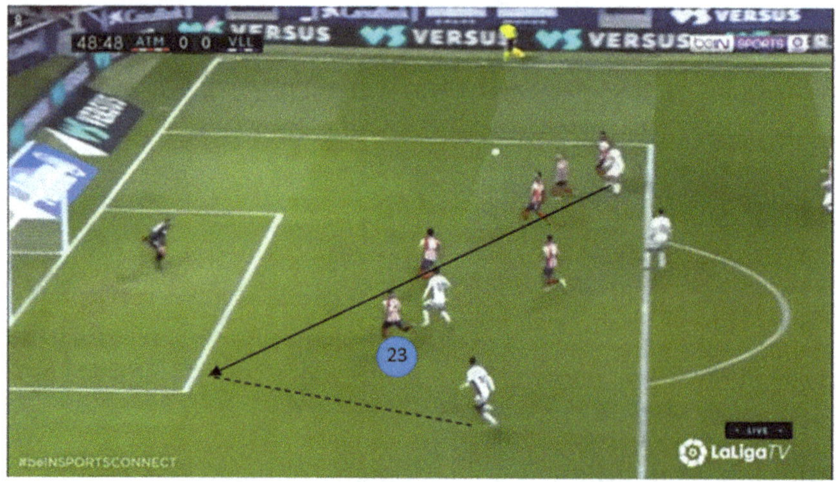

Imagen 115.

Las acciones de las imágenes 114 y 115 son difíciles de defender. Si bien no se dan muchas oportunidades de estas durante los partidos del Atlético, es importante que los carrileros las tengan en cuenta; ya que es muy habitual que el balón atraiga la atención de los jugadores y descuiden lo que se encuentra a sus espaldas. En ambas jugadas sucedió lo mismo con Trippier (23).

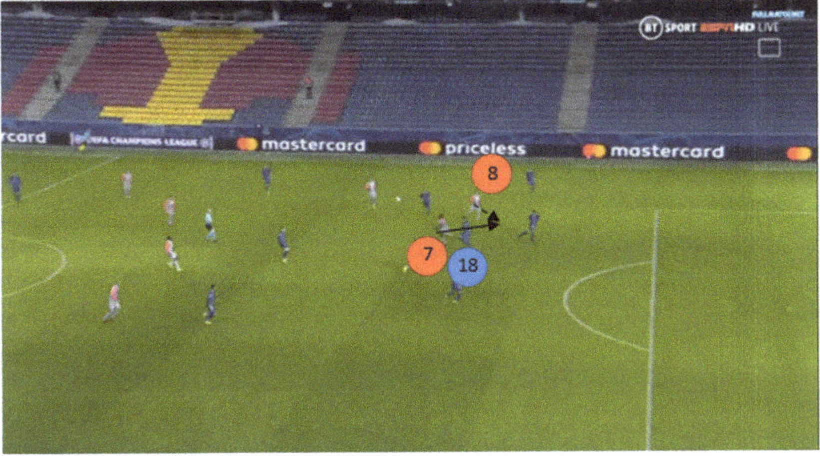

Imagen 116.

Por otro lado, el equipo que más ha hecho sufrir defensivamente a los de Simeone es el Salzburg. ¿Por qué fue tan problemático? En la imagen 116 se puede ver cómo se emparejaban tres atacantes contra los tres centrales del Atlético, lo que siempre dificulta la fase defensiva. Para romper la igualdad numérica es aconsejable que haya al menos un defensor más para poder corregir ciertas desventajas.

En la acción Felipe (18) salió de su posición para disputar un balón, pero lo ganó Sékou Koïta (7) y Mergim Berisha (8) dispuso de una ocasión muy clara de gol. Aparte de esa desventaja para contrarrestar el ataque de los austríacos, a los de Simeone también les costó igualar en intensidad el ritmo del RB Salzburg, en un aspecto que representa una seña de identidad clave para el éxito del Atlético del Cholo y que no debe faltar en ningún momento.

CONCLUSIÓN

Siempre se ha alabado a Simeone desde el punto de vista defensivo y con razón. A partir de un orden y unos principios y subprincipios (que veremos a continuación), los de Simeone siempre han sido un equipo bien organizado. En la defensa del área no hay equipo mejor que el Atlético, pero además hay que destacar que el conjunto colchonero también dispone de muchas alternativas para presionar a distintas alturas.

PRINCIPIOS Y SUBPRINCIPIOS DEFENSIVOS

Este apartado es importante para entender los comportamientos que Simeone busca en su equipo, sobre todo desde esta evolución (más allá de su aplicación en otros sistemas). También sirve para ver diversos puntos del modelo de juego de forma práctica.

EQUILIBRIO

Imagen 117.

Es fundamental que se cumpla este principio para no dejar demasiados espacios al rival. En la situación de la imagen 117, la distancia entre la línea defensiva y la de centrocampistas es mínima. Por eso, el contrario (Huesca) enfrenta muchas dificultades para encontrar un pase en esa zona peligrosa (a la espalda de los mediocampistas).

REPLIEGUE

Imagen 118.

Consiste en el movimiento en bloque de todo el equipo para no dejar espacios a la espalda de la defensa (imagen 118). Es importante que se siga manteniendo el equilibrio para tener más posibilidades de salir vencedor en caso de una segunda jugada.

MARCAJE ZONAL – REDUCIR LAS ZONAS A ESPACIOS PEQUEÑOS

Imagen 119.

Existen tres tipos de marcajes:

- Marcaje zonal: cada jugador tiene asignada una zona del terreno del juego, en la cual defenderá a aquel adversario que entre.
- Marcaje mixto: cada jugador tiene asignada una zona, defenderá a aquel adversario que entre en la misma y también lo seguirá cuando salga de ella hasta que finalice la jugada.
- Marcaje combinado: cuando no todos los jugadores utilizan la misma forma de marcaje.

El Atlético, como una gran cantidad de equipos, realiza un marcaje zonal en la mayoría de las ocasiones. Pero hay que destacar que el mixto también se puede observar en situaciones concretas del juego en las que los defensores están en igualdad o inferioridad con los atacantes. Por ejemplo, cuando la línea defensiva de tres recibe el contraataque de tres o más adversarios.

En el marcaje zonal del Atlético de Simeone es importante cómo se busca reducir las zonas a espacios pequeños mediante la basculación, el equilibrio entre líneas y las ayudas permanentes de todo el equipo (imagen 119).

COBERTURA

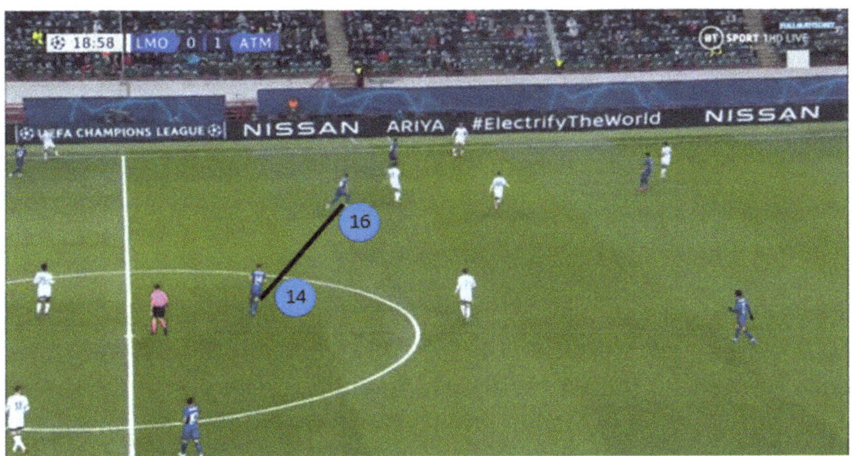

Imagen 120.

Es la ayuda que se le da a un compañero que puede ser desbordado por el adversario, generalmente a su espalda. Un buen sistema de coberturas estará convenientemente escalonado. En la acción de la imagen 120 vemos a Herrera (16) y Llorente (14), la pareja de mediocentros, en la fase defensiva ante el Lokomotiv. El mexicano, que se encuentra más cerca de balón, está más avanzado. En caso de que Herrera sea superado, el español puede ayudar e intervenir porque el balón no quedó detrás de su línea.

Imagen 121.

La imagen 121 ejemplifica un perfecto escalonamiento en la línea de centrocampistas. Llorente (14) es el más adelantado para encimar a Lucas Hernández (el poseedor), y cubriendo su espalda están Koke (6) y Saúl (8), quien es el mediocampista más alejado del balón.

Un error común es situarse a la misma altura. De esa manera, lo que pasa es que cuando es superado uno (mediante un regate o un pase), el resto de los jugadores de la misma línea también son superados.

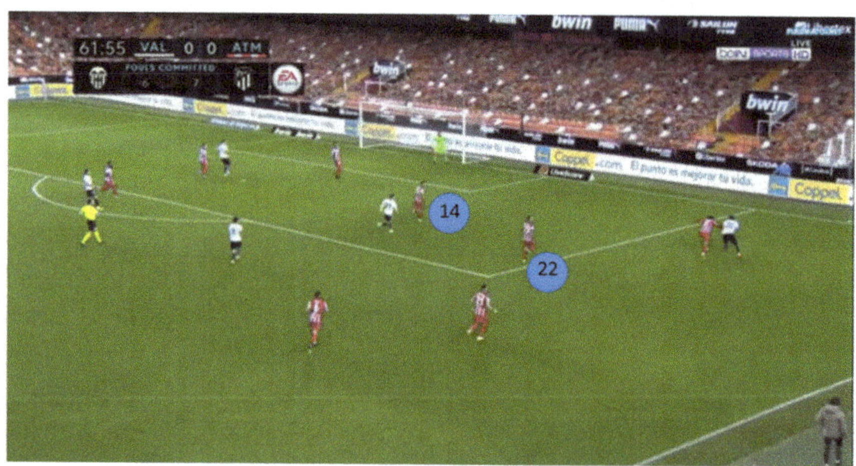

Imagen 122.

En la situación de la imagen 122 se ve cómo Llorente (14) ha realizado la cobertura a un Hermoso (22) que había perdido la posición.

Llorente (14) actuaba junto con Koke como centrocampista, en una posición que en los equipos de Simeone cumple una labor muy destacada. Esos futbolistas siempre están corrigiendo situaciones desfavorables y dando equilibrio, además de lo que aportan con el balón.

Esta jugada no se considera como permuta porque es Llorente (14) el que varía su posición para corregir la posición de Hermoso (22), pero el central no cambia al lugar del centrocampista. Simplemente se vio superado y quedó mal ubicado.

PERMUTA

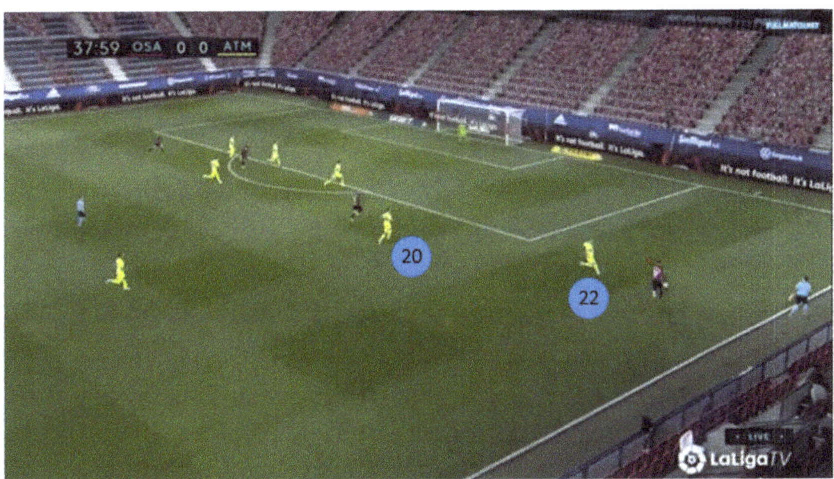

Imagen 123.

La permuta es la acción que realiza un jugador; en la imagen 123, Vitolo (20) que ha sido desbordado al ocupar la posición dejada por el compañero que le realiza la cobertura, que aquí es Hermoso (22).

Imagen 124.

Este otro ejemplo ocurre en campo contrario y se debe a la situación en la que se encontraba João Félix (7) en ataque. Debido a su tendencia a caer a ese costado izquierdo, se le puede ver situado en esas zonas cuando el equipo pierde el balón.

Este no es ningún inconveniente. Cuando se da la oportunidad, cada uno vuelve a su posición de origen pero mientras tanto hay que defender y evitar esfuerzos innecesarios. En la imagen 124, Saúl (8) ocupó la posición de Félix en la presión a la defensa contraria.

BASCULACIÓN

Imagen 125.

Un equipo está basculando cuando se mueve en bloque de izquierda a derecha y viceversa. En la acción de la imagen 125, un cambio de orientación del Granada obligó al Atlético a realizar este movimiento de manera grupal para no quedarse desprotegido en la fase defensiva. El equipo de Simeone es uno de los mejores en cuanto a la ejecución de este comportamiento defensivo.

BLOQUE DEFENSIVO. ZONA

Como hemos analizado en los diferentes ejemplos, el Atlético es un equipo que ajusta su presión teniendo en cuenta al rival. Si es un oponente que quiere construir juego desde atrás y Simeone considera que trae consigo más beneficios que problemas presionar arriba, el conjunto colchonero lleva a cabo una presión alta. Si no propone demasiado desde atrás y puede crear peligro con el juego directo y segundas jugadas, el Atleti mantiene el bloque en una zona media-baja mientras los dos atacantes intentan que los defensas adversarios no

jueguen demasiado cómodos para que su golpeo en largo sea menos efectivo.

Para cada partido el Cholo cuenta con información que analiza e interpreta para definr el plan concreto. Dentro de los principios defensivos que se mantienen, la adaptabilidad es clave para el técnico argentino.

CAPITULO 7

TRANSICIÓN DEFENSA – ATAQUE

> "Los dos momentos más importantes del juego son el momento en que se pierde el balón y el momento en que se gana, ya que se producen alteraciones en los jugadores".

CONTRAATAQUE O ATAQUE ORGANIZADO

Al igual que en las transiciones ataque-defensa, para las que son de defensa a ataque hay dos factores que determinarán si el Atlético opta por un contraataque o por un ataque organizado, asegurando la posesión del balón. Los aspectos principales son:

- el posicionamiento de los jugadores tras la recuperación del balón.

- la zona del campo en la que se produce la recuperación.

POSICIONAMIENTO DE LOS JUGADORES

Este factor es muy amplio y engloba muchas variantes. La más evidente es la de jugadores por delante del balón para poder realizar un contraataque mediante un pase vertical. Pero hay muchas más variantes como la colocación del equipo adversario (puede estar muy expuesto o, por el contrario, equilibrado), las características de los jugadores por delante de la pelota (no es lo mismo tener a velocistas como Llorente o Carrasco que a futbolistas como Suárez), el resultado y el contexto de la situación de partido, entre otras.

ZONA DEL CAMPO

Como hemos comentado, la evolución ha llevado al Atlético a intentar llevar a cabo una presión más avanzada que en temporadas anteriores. Seguramente una de las razones que más ha tenido en cuenta Simeone es que, tras el cambio de Morata por Suárez, el equipo perdía mucha velocidad para contraatacar en espacios grandes.

Si el Atlético recupera en campo contrario (que es lo ideal), intenta llevar a cabo un contraataque corto donde el delantero uruguayo pueda aportar más. Si, en cambio, roba el balón en su propia mitad, por lo general, lleva a cabo un ataque organizado; ya que no suele haber muchos recursos para avanzar de manera directa y el perfil de Suárez limita mucho las posibilidades de contraataque.

Toda la elección está muy relacionada con el nombre del atacante ex Liverpool y Barcelona porque suele ser el que más veces se encuentra en este tipo de situaciones; pero ni João Félix, ni Correa, ni Lemar son especialistas en contraataque. Las dos excepciones para tener en cuenta son las de Carrasco y, sobre todo, Llorente cuando juega como delantero.

SITUACIONES

Todas estas variantes se han visto a lo largo de los diferentes partidos y sus situaciones.

Situación 1: ante una defensa mal parada

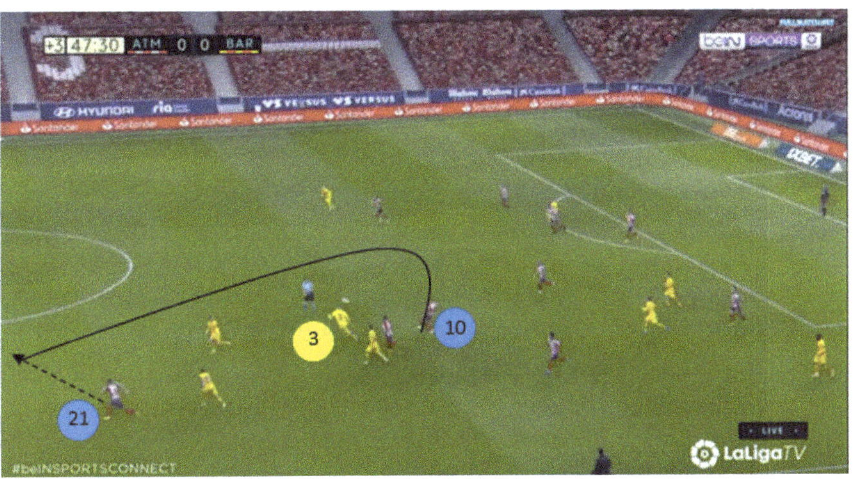

Imagen 126.

Tras una pérdida de Gerard Piqué (3) se dio la situación ideal (imagen 126) y Correa (10) no dudó en realizar un pase al espacio para un velocista como Carrasco (21). El belga se plantó con la mitad del campo entero por delante con la única oposición de un Marc-André ter

Stegen, que intentó anticipar y no pudo, por lo que la jugada terminó en gol.

El Atlético contraataca si puede y, en este caso, es destacable que lo hizo con un Carrasco (21) que actuaba como carrilero. Esto prueba que la defensa de cinco no siempre hace al equipo más defensivo.

Situación 2: delantero fijador

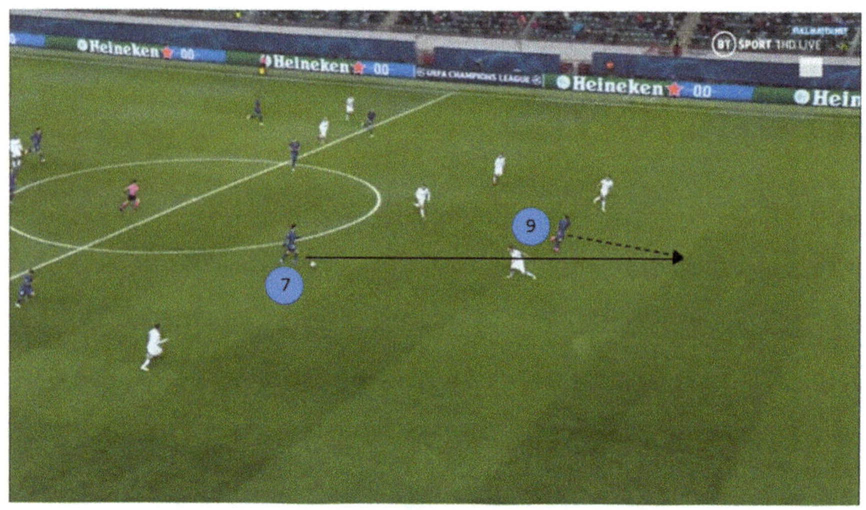

Imagen 127.

Suárez (9) no es el más rápido del equipo, pero cuando está en el terreno de juego suele ser una amenaza en transiciones cortas (cuando la recuperación del balón es en campo contrario), ya que suele mantener una posición muy adelantada en la fase defensiva y eso le permite ofrecer profundidad al instante en caso de un quite. En la acción de la imagen 127, João Félix (7) robó el balón en una zona sensible para el rival y el Atlético dispuso de una gran ocasión de gol.

Es importante que el uruguayo no tenga demasiados metros por delante, ya que en carrera los defensores suelen ser más rápidos. Algo similar le ocurrió a Diego Costa en sus últimos años en el conjunto colchonero.

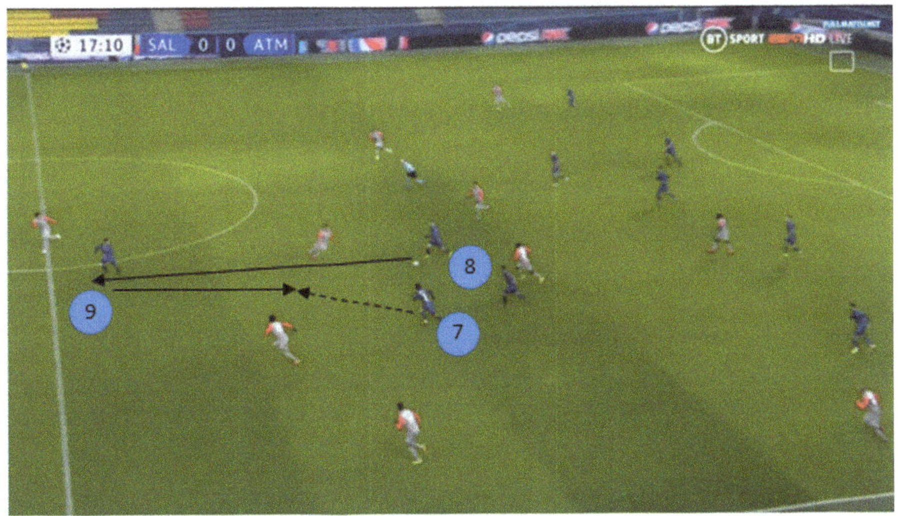

Imagen 128.

En la imagen 128 hubo un quite de Saúl (8) y Suárez (9) volvió a ser el futbolista más adelantado. La velocidad no es la mayor virtud del uruguayo en esta última etapa de su carrera, pero sí consigue aguantar bien el balón y, luego de haber esperado, la dejó de cara a João Félix (7).

Como vemos, si la recuperación se produce cerca de portería adversaria, Suárez puede ser una amenaza al contraataque; pero si se produce con mucho espacio por delante, su poca velocidad punta lo limita en exceso.

Situación 3: profundidad

Imagen 129.

Cuando Llorente (14) actúa como delantero es un peligro inminente en este tipo de situaciones, como demostró a lo grande en Anfield (imagen 129). Cuando actúa como centrocampista es más complicado ver este tipo de acciones de contraataque porque parte de posiciones mucho más lejanas a campo contrario en el momento defensivo.

La opción de que el español actúe como atacante es otra alternativa más para los del Cholo y suena como la mejor elección en caso de que el Atlético quiera contraatacar. Como hemos dicho, Llorente y Carrasco tienen esa punta de velocidad y determinación necesaria para atacar con espacios a cualquier oponente.

Situación 4: falta de efectivos en ataque

Imagen 130.

En la acción de la imagen 130, tras una recuperación el balón le llegó a Correa (10). El argentino era el futbolista más adelantado, pero debido al repliegue en el que se encontraba el Atlético, y a la superioridad numérica del Bayern, se vio incapaz de continuar su progresión en busca de la portería contraria. En estas ocasiones, los de Simeone buscan dar paso a un ataque organizado y mantener la posesión de balón.

CONCLUSIÓN

El Atlético trata de buscar ataques rápidos cuando es posible. Excepto cuando se producen recuperaciones de balón en campo contrario, es complicado ver un equipo especialmente efectivo al contraataque. El cambio de Suárez por Morata, en este aspecto, ha sido muy significativo y ha marcado la evolución del equipo en este momento del juego.

CAPITULO 8

ACCIONES A BALÓN PARADO

"Las acciones a balón parado pueden desequilibrar partidos tanto para bien como para mal"

A la hora de atacar y defender en escenarios de pelota quieta, Simeone les da especial importancia a distintas zonas, que veremos a continuación junto con los tipos de marcajes que se producen.

ABP OFENSIVAS

SAQUES DE ESQUINA

Imagen 131.

Los datos que aparecen en la imagen 131 son importantes para saber cómo suele actuar el Atlético de Madrid en los tiros de esquina ofensivos. Esta estadística, de los 16 primeros partidos ligueros, refleja lo que hace el Atlético en este tipo de acciones.

- El 11% de las veces juega en corto.
- El 26% busca el segundo palo.
- El 63% envía el balón al primer palo.

Situación 1: córner en corto

Imagen 132.

Aunque los saques en corto no son lo habitual, sí que se dan cada tanto. Estas jugadas están ensayadas y buscan, principalmente, un mejor ángulo de golpeo y descolocar a la defensa rival. A partir de ahí, el remate es más sencillo. En la acción de la imagen 132 puede haberse debido más al resultado que a algo exactamente practicado para ese momento, pero hay más ejemplos.

Imagen 133.

En la jugada de la imagen 133, João Félix (7) jugó en corto para Carrasco (21) aprovechando el despiste rival. A partir de ahí se le pre-

sentaron varias opciones, algo habitual en este tipo de saques; como, por ejemplo, jugar con Lodi (12), devolver al portugués o centrar al área con mejor ángulo de golpeo, lo que finalmente hizo el futbolista belga.

Imagen 134.

Otra variante es la que se ve en la imagen 134: Félix (7) realizó un desmarque de apoyo partiendo del área pequeña y atrajo a dos defensores, Koke (6) se la pasó y el portugués devolvió de primera.

Situación 2: córner directo

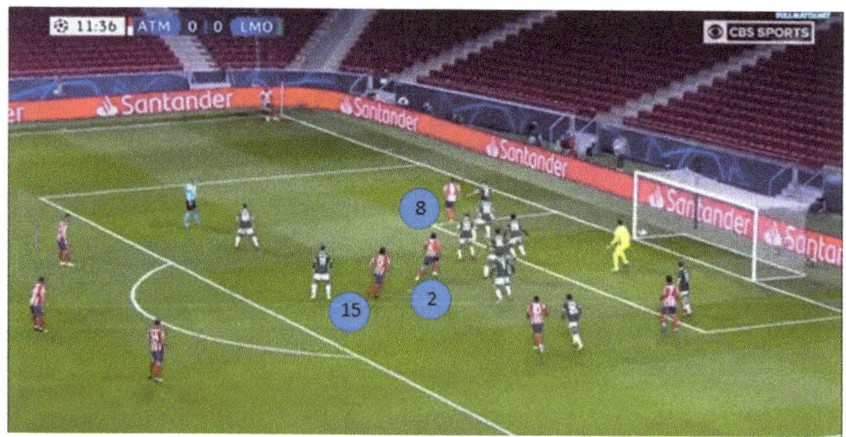

Imagen 135.

El Atlético de Madrid de Simeone tiene una jugada predefinida y las estadísticas no mienten: la gran mayoría de los atacantes arrastran a la defensa con sus movimientos al primer palo y buscan dejar un espacio libre para aprovechar en el segundo tras una prolongación. En la imagen 135 los primeros potenciales receptores son Saúl (8), Giménez (2) y Savić (15), que tienen un gran potencial en el juego aéreo.

Imagen 136.

Esta jugada en concreto, tras un defectuoso despeje de la defensa del Lokomotiv, acabó con un peligroso disparo de Llorente (14). Como se ve en la imagen 136, se le da importancia a esa segunda jugada, ya que hay tres jugadores ocupando esa zona de la frontal del área.

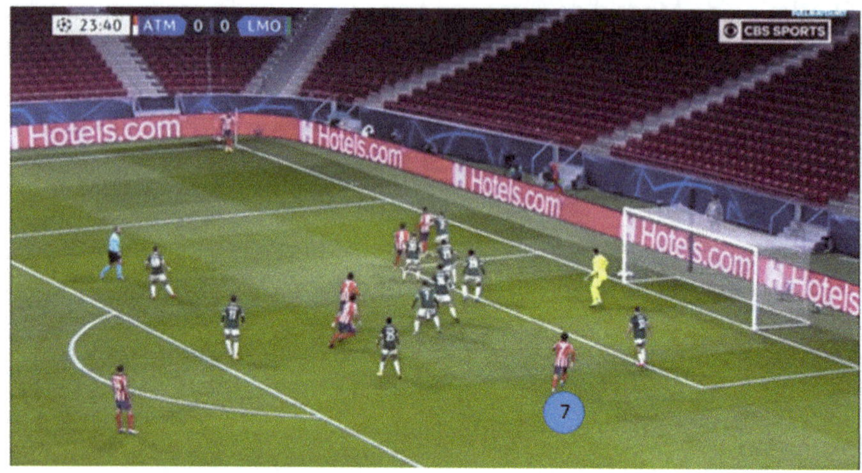

Imagen 137.

En la imagen 137, en la que los cuatro atacantes del Atlético ya han realizado sus movimientos de arrastre al primer palo, se puede apreciar mejor la situación provechosa que se genera detrás de todo en caso de prolongación: João Félix (7) estaba con un solo defensor y mucho espacio. Todo ello dentro del área y con lo que supone una prolongación en el primer poste, ya que es más fácil que el defensor pueda perder de vista el balón o la propia marca.

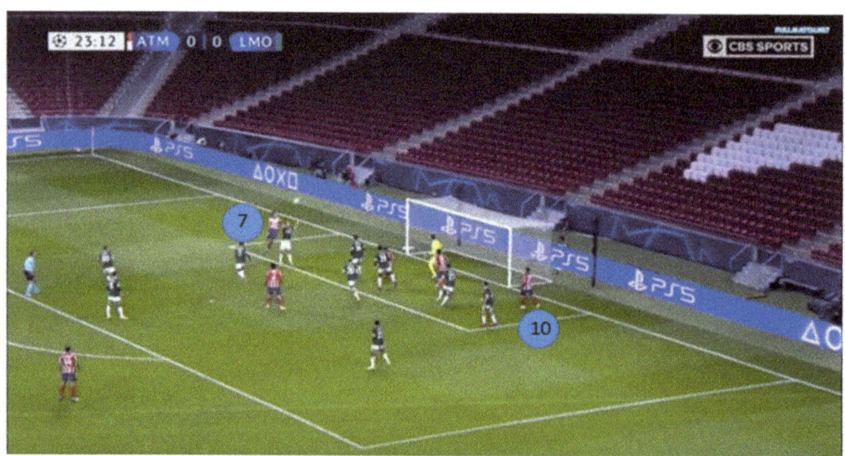

Imagen 138.

En esta ocasión (imagen 138), Correa (10) prolongó y Félix (7) saltó para rematar en una buena posición, aunque el defensor consiguió incomodarlo.

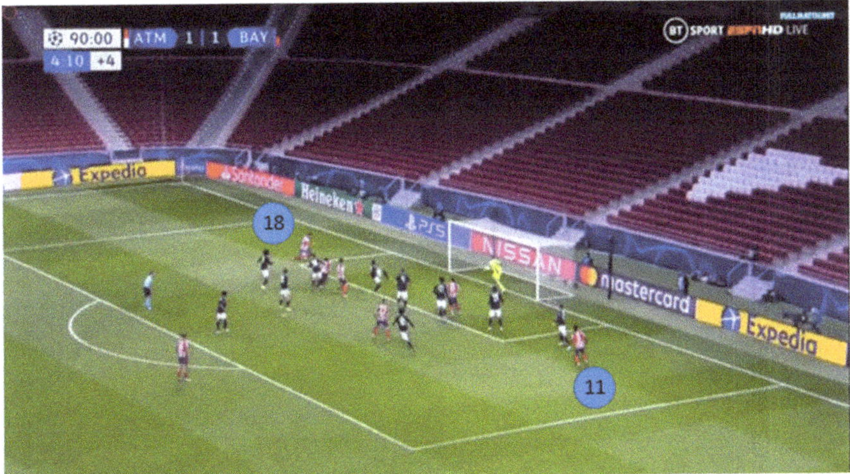

Imagen 139.

En la imagen 139 se ve la misma jugada pero con distintos jugadores debido a las sustituciones durante el partido. Lemar (11) cabeceó el balón al segundo palo, pero Felipe (18) no llegó a acertar con el remate. El fútbol muchas veces es decidido por pequeños detalles, porque si estaba Félix quizás el resultado era otro.

Imagen 140.

Otro detalle interesante: en la acción ensayada de la imagen 140 también se buscaba un rematador en el primer palo, pero hay que destacar el bloqueo que se produjo para que Felipe (18) le dificultara su labor al marcador de Kondogbia (4).

Imagen 141.

La acción de la imagen 141 es menos habitual, como reflejan las propias estadísticas, pero es una variante utilizada y válida. Los jugadores se aglutinaron en la zona del primer palo para dejarle un espacio libre a un Llorente (14) que se incorporó desde atrás. Este balón buscó directamente el segundo palo sin ser prolongado.

CONCLUSIÓN

Como ya hemos visto, lo que busca normalmente Simeone en este tipo de acciones es imponerse en el primer palo y a partir de ahí conseguir un remate o una prolongación peligrosa. Sin embargo, dependiendo del rival, se aplican ciertas modificaciones tanto para sorprenderles como para buscar sus debilidades.

También hay que destacar que el Atlético no tiene un lanzador especifico. Entre los integrantes del plantel actual han ejecutado Koke, Trippier, Carrasco, Vitolo, Correa, Lodi, Lemar y João Félix.

LIBRES DIRECTOS

Imagen 142.

En la imagen 142, Correa (10) envió directamente el balón al área buscando el segundo palo. La jugada acabó en un remate de Savić (15) sin demasiado peligro.

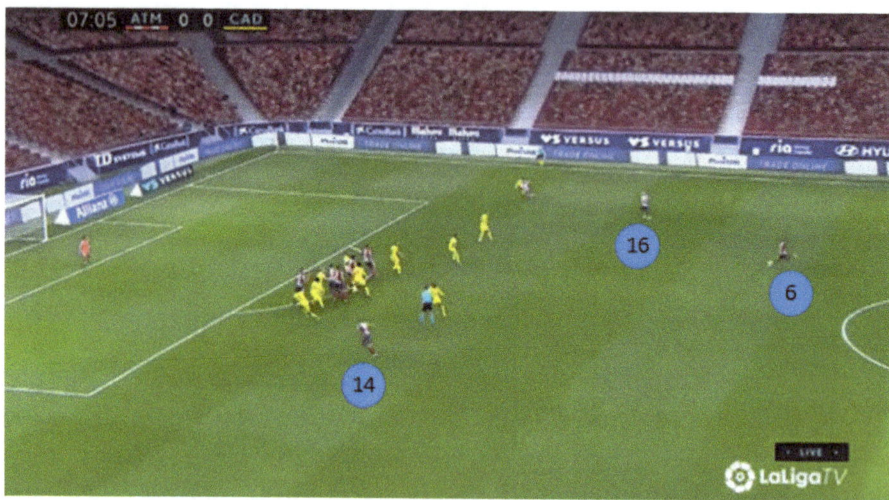

Imagen 143.

Esta acción fue prácticamente calcada a la anterior (imagen 143). Las mayores variaciones fueron que la falta la sacó en corto Herrera (16) y Koke (6) fue quien envió el balón en busca de Llorente (14), que intentó sorprender entrando desde atrás y deshaciéndose de su marcador. La jugada acabó en gol tras una segunda jugada y una mala salida del portero rival.

Imagen 144.

Si se trata de una falta lateral, el Atlético actúa como si de un córner se tratara. En la imagen 144, Trippier (23) envió el balón directamente al área en busca del remate de Saúl (8).

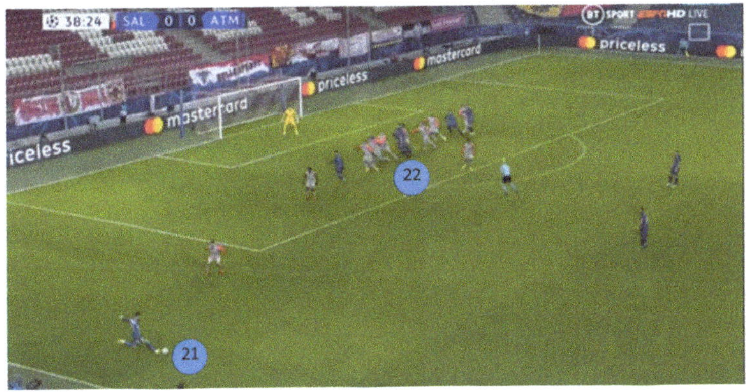

Imagen 145.

La acción de la imagen 145 resultó en el primer gol de remate directo tras balón parado de la temporada 2020/21. Luego de un gran centro de Carrasco (21) al primer palo en dirección a la portería, Mario Hermoso (22) consiguió anticiparse a la defensa y rematar.

SAQUES DE BANDA

Imagen 146.

A pesar de actuar como central, Hermoso (22) es el encargado habitual de efectuar los saques de banda por la izquierda (imagen 146). No es algo que afecte la disposición, ya que el central recupera su posición inmediatamente después de poner el balón en juego. Es algo que muestra su polivalencia.

Imagen 147.

Sin embargo, en zona de finalización también es habitual ver a Carrasco (21) ejecutar este tipo de acciones (imagen 147).

ABP DEFENSIVAS

SAQUES DE ESQUINA

Para defender estas acciones, Simeone apuesta por combinar marcajes y divide responsabilidades: algunos jugadores defienden en zona y otros siguen a algunos rivales en particular. Las siguientes imágenes lo reflejan de manera gráfica (imágenes 147 a 153).

Imagen 148.

- João Félix (7) quedó para despejar un saque corto (imagen 148).
- Suárez (9) cubrió el primer palo en el área pequeña.
- Giménez (2), el área pequeña.
- Llorente (14), el punto de penalti mientras estaba pendiente de la frontal en caso de una segunda jugada.
- El resto de los jugadores marcaron al hombre.

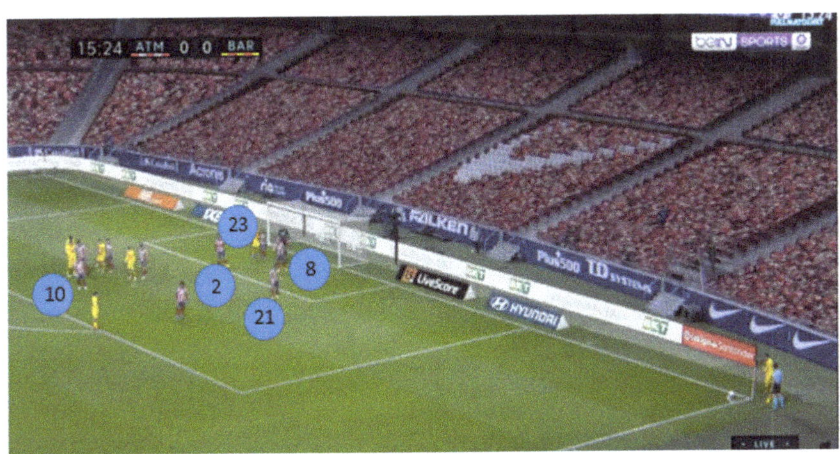

Imagen 149.

- Carrasco (21) fue a la corta (imagen 149).

- Saúl (8), al primer palo en el área pequeña.
- Giménez (2), al área pequeña.
- Correa (10), al punto de penalti mientras estaba pendiente de la frontal en caso de una segunda jugada.
- También hay que destacar el rol de Trippier (23) marcando al jugador del Barcelona que trataba de molestar a Oblak. Es evidente que, debido a su altura, parecía lo más apropiado.
- El resto de los jugadores marcaron al hombre.

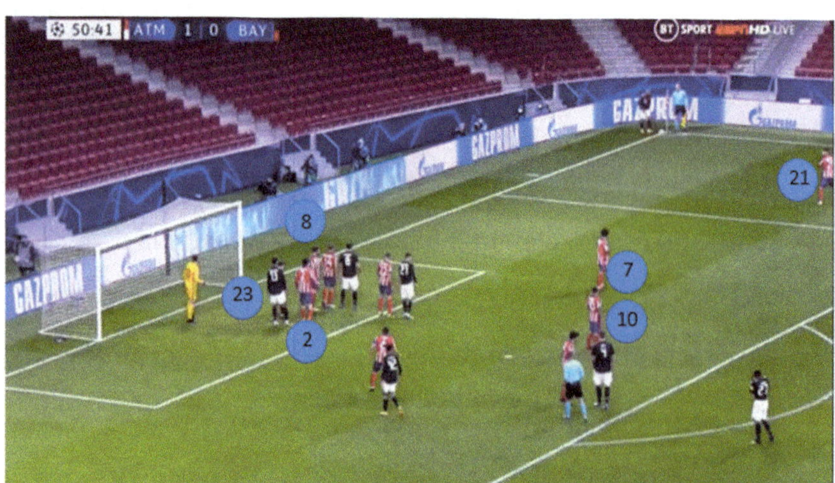

Imagen 150.

- João Félix (7) marcó la corta (imagen 150).
- Saúl (8), el primer palo en el área pequeña.
- Giménez (2), el área pequeña.
- Correa (10), el punto de penalti mientras estaba pendiente de la frontal en caso de una segunda jugada.
- De nuevo, Trippier (23) se quedó con el jugador del Bayern que trataba de molestar a Oblak.
- En esta situación hay que destacar la posición de Carrasco (21), que estaba con un rival que apoyaba en corto al lanzador.

- El resto de los jugadores marcaron al hombre.

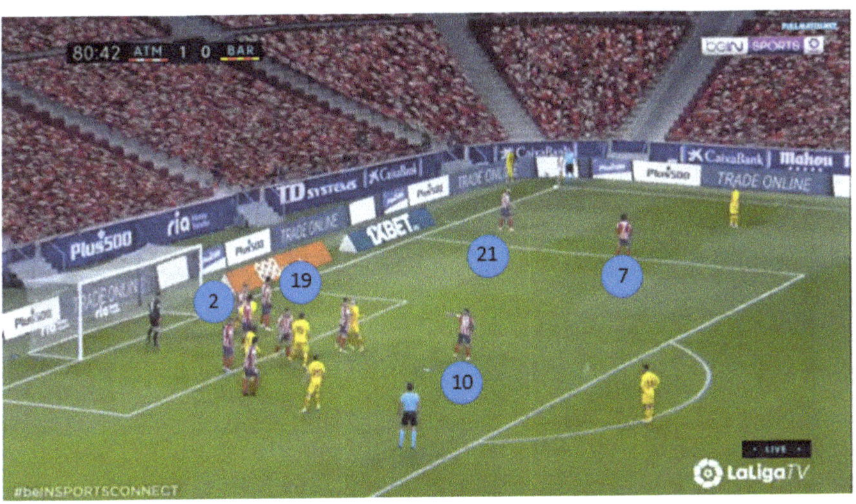

Imagen 151.

- Diego Costa (19) se ubicó en el primer palo en el área pequeña (imagen 151).
- Giménez (2), en el área pequeña.
- Correa (10), en el punto de penalti mientras estaba pendiente de la frontal en caso de una segunda jugada.
- De nuevo, Trippier marcó al jugador del Barcelona que trataba de molestar a Oblak.
- Además, Carrasco (21) y João Félix (7) abandonaron el área por si el rival jugaba en corto, así no habría desventaja numérica sino un dos contra dos.

Imagen 152.

De la imagen 152 se destaca que solamente Lemar (11) abandonó el área para incomodar un posible saque en corto del adversario, que tenía al potencial receptor más alejado de la esquina.

Imagen 153.

Lo mismo ocurrió en el ejemplo de la imagen 153, ante el Valladolid, en el que solo Vitolo (20) fue hacia allí, con el lanzador y el potencial receptor más juntos. Sin embargo, al producirse el saque en corto, Lemar (11), que se situaba en la zona corta, acudió para ayudar y la situación pasó de un dos contra uno a un dos contra dos.

Imagen 154.

En la acción de la imagen 154, Casemiro (14) se impuso en el primer palo y anotó. Ante un lanzador como Kroos y rematadores de la talla de los del Madrid, la situación obviamente es complicada de defender. En esos casos el éxito depende, en gran medida, de que cada uno gane sus duelos individuales; ya que, a pesar de la superioridad numérica del Atlético en esa zona, no pudieron evitar el gol.

CONCLUSIÓN

El Atlético se caracteriza por aplicar un marcaje combinado para defender: utiliza tanto marcajes al hombre (o marcajes individuales) como marcajes en zona, como se ve en las diferentes imágenes. Hay que destacar que los de Simeone defienden estas jugadas con los 11 jugadores, por lo menos en la gran mayoría de las situaciones.

Además, según si el Cholo quiere priorizar el área o no, saldrán uno o dos futbolistas para marcar al lanzador y al potencial receptor en corto. Ante rivales de más jerarquía por abajo, como sucede con el Barcelona y Lionel Messi, no quiere conceder un dos contra uno en la esquina y envía dos hombres a evitar la inferioridad numérica.

LIBRES DIRECTOS

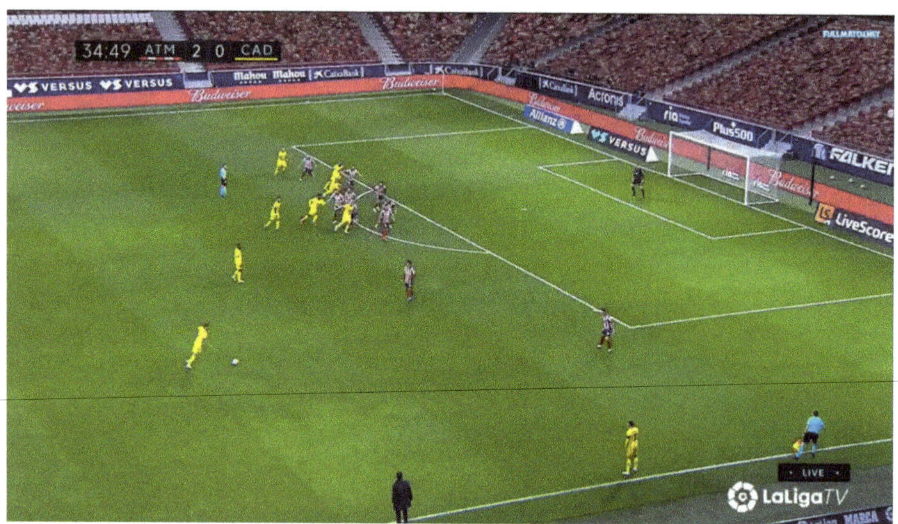

Imagen 155.

La forma de defender estas jugadas, por parte de los de Simeone, consiste en un marcaje combinado situando la línea en torno a la frontal (imagen 155). Así, defiende con muchos efectivos que están atentos para ocupar el área en cuanto el atacante pone el balón en juego. Lo habitual es que haya marcas individuales y, debido a la superioridad numérica del equipo, los jugadores sobrantes ocupen distintas zonas para intentar despejar el balón.

Imagen 156.

Para defender este tipo de faltas laterales, los equipos suelen tener en cuenta un estímulo con el que empezar su carrera hacia la zona defensiva y lo más importante es que todos los futbolistas reaccionen exactamente al mismo tiempo. Como se aprecia en las últimas dos imágenes (155 y 156), el Atlético suele iniciar este movimiento grupal cuando el lanzador empieza a dirigirse al balón.

CAPITULO 9

DIRECCIÓN DE PARTIDO DE SIMEONE

Tan importante es poder elaborar buenos planes de partido como tener la capacidad para intervenir durante el encuentro para intentar aportarle la mejor solución posible al equipo. Esta habilidad en muchas ocasiones modifica el rumbo de un duelo. Simeone es un entrenador que suele modificar aspectos del Atlético a lo largo del juego, como veremos en dos enfrentamientos de máxima exigencia ante el FC Barcelona y el Real Madrid.

CONTRA EL FC BARCELONA

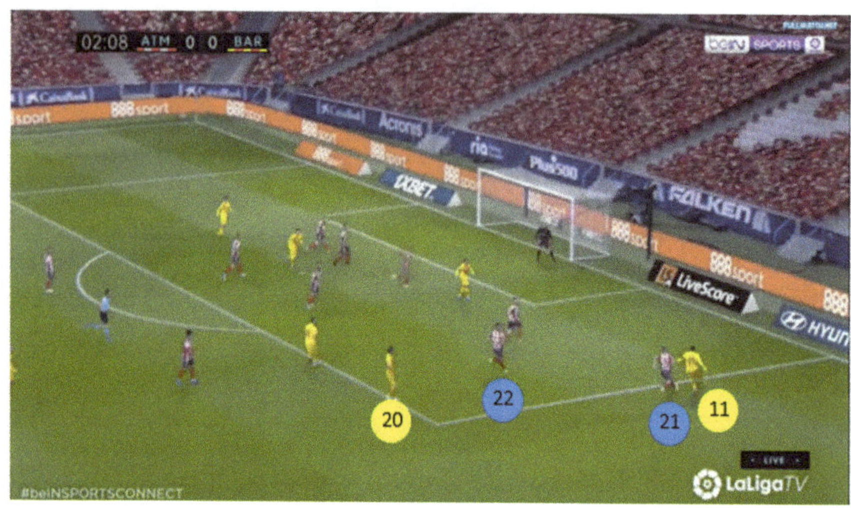

Imagen 157.

Dembélé estaba emparejado en la banda con Carrasco (21), que estaba sufriendo mucho para frenar a un futbolista muy desequilibrante (imagen 157). Además, se le complicaba la labor porque la incorporación del lateral Sergi Roberto (20) fijaba a Hermoso (22). Frenar al extremo francés en un uno contra uno es complicado, pero si encima lo debe hacer alguien como el belga, que no es un especialista defensivo, mucho más.

¿Qué hizo Simeone?

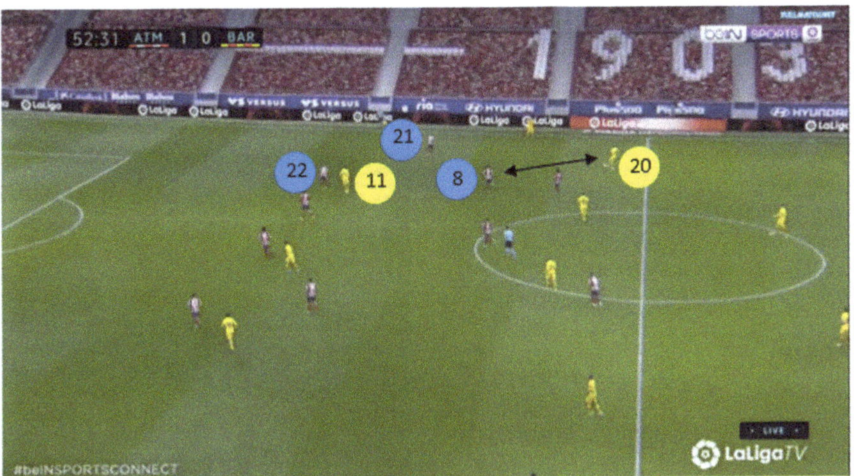

Imagen 158.

Como se puede observar en la imagen 158:

- Hermoso (22) estuvo más liberado y comenzó a marcar a Dembélé (11). Como el enfrentamiento pasó a ser con un defensor de gran nivel, el francés ya no produjo tanto peligro y los riesgos de recibir un gol se redujeron considerablemente.

- Saúl (8) sumó más responsabilidades defensivas y estuvo pendiente de las incorporaciones de Sergi Roberto (20), lo cual hizo que el Atleti y, sobre todo, Carrasco (21) se sintieran más cómodos.

CONTRA EL REAL MADRID

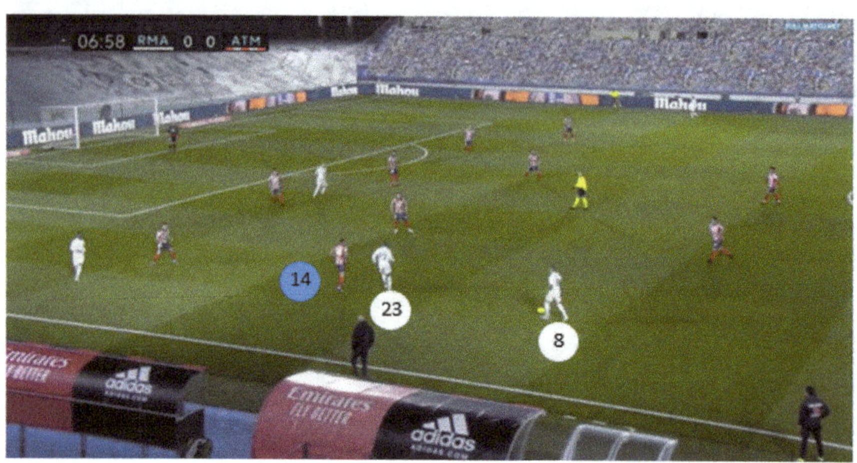

Imagen 159.

El Real Madrid estaba teniendo mucho control del partido y esto se debía, en gran parte, a que los dos futbolistas de mayor capacidad con el balón, Toni Kroos (8) y Luka Modrić, estaban recibiendo sin oposición. El alemán lateralizaba su ubicación y aprovechaba que Ferland Mendy (23) arrastraba a Llorente (14), su posible marcador, para tener espacio (imagen 159).

Imagen 160.

Algo similar sucedía en el otro costado (imagen 160) con caídas de Modrić (10) hacia la banda mientras Carvajal (2) fijaba a Koke (6). El escenario de estas dos imágenes (159 y 160) se estaba repitiendo con mucha frecuencia y así el Madrid conseguía dominar el partido.

¿Cómo reaccionó Simeone?

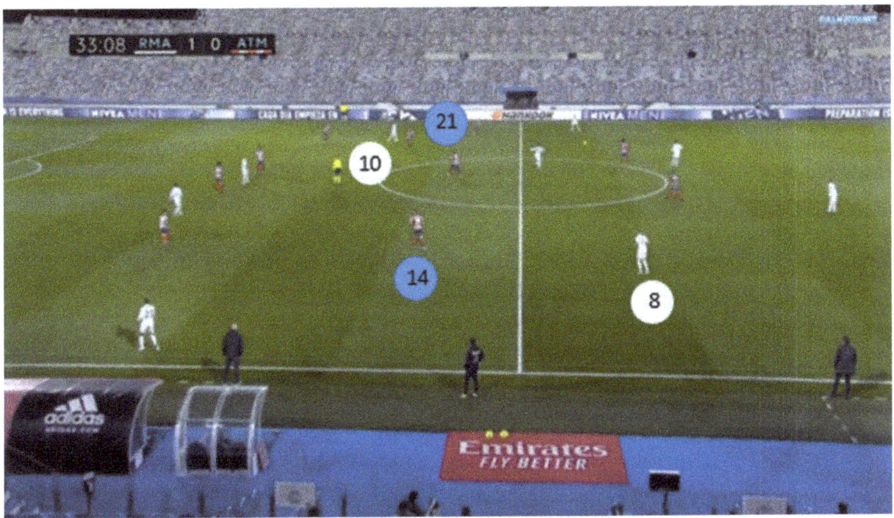

Imagen 161.

Esta situación se debía, principalmente, al sistema de juego del Atlético: el fútbol se trata de priorizar espacios y es evidente que con un 5-3-2 las zonas laterales son difíciles de defender. En este caso, al verse superado, Simeone decidió actuar y cambiar a un 4-4-2 adelantando a Carrasco (21) y situando a Llorente (14) en la banda derecha (imagen 161).

Con esta disposición el Atlético mejoró y tuvo más control del juego. Kroos (8) y Modrić (10) ya no fueron encontrados, no recibieron fácilmente porque Llorente (14) y Carrasco (21) pasaron a situarse más cerca de su zona de recepción.

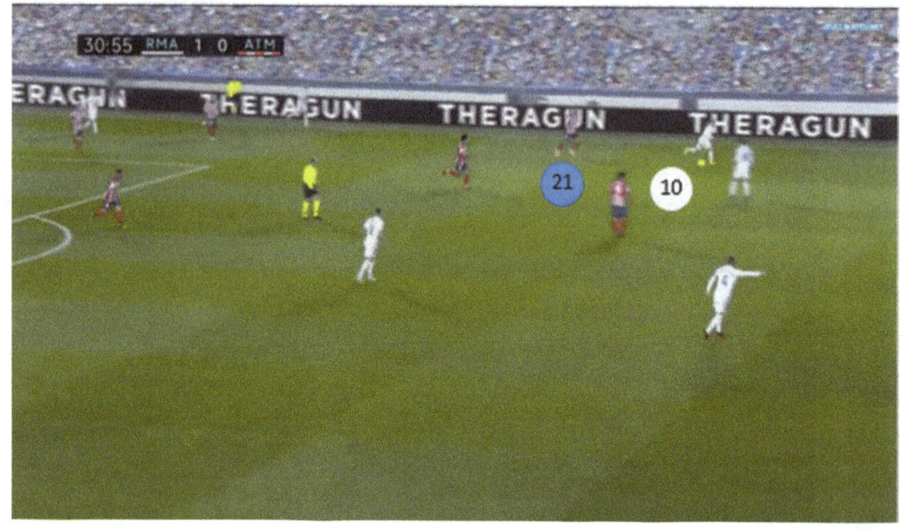

Imagen 162.

En la imagen 162 se puede observar a Carrasco (21) marcando a Modrić (10), que debió dar un pase atrás. Esto fue posible gracias a la modificación de Simeone.

CAPITULO 10

FORTALEZAS Y DEBILIDADES

Sintetizar en pocas palabras todas las fases del juego es complicado, pero creo que al completar este cuadro es posible obtener una imagen muy visual de las fortalezas y debilidades. Para que reflexiones sobre el aspecto táctico del Atlético de Simeone sería interesante que completaras esta tabla.

SIMEONE TÁCTICO		FORTALEZAS	DEBILIDADES
OFENSIVO	INICIACIÓN		
	CREACIÓN		
	FINALIZACIÓN		
DEFENSIVO	INICIACIÓN		
	CREACIÓN		
	FINALIZACIÓN		
TRANSICIONES	DEFENSA-ATAQUE		
	ATAQUE-DEFENSA		
ABP	OFENSIVAS		
	DEFENSIVAS		
DIRECCIÓN DE PARTIDO			

CAPITULO 11

TAREAS DE ENTRENAMIENTO

Por último, es útil conocer ejercicios para poder trabajar distintos aspectos de forma práctica. A continuación, veremos nueve ejemplos de tareas de entrenamiento en las que se hace hincapié a principios y subprincipios tácticos muy importantes en el juego de Simeone.

Lo que se puede extraer de este capítulo es qué tener en cuenta a la hora de plantear las ejercitaciones. En cuanto a repeticiones, tiempo de recuperación y tiempo de cada serie, estos puntos dependen de muchos factores (edad jugadores, momento de la temporada, día de la semana, entre otras cuestiones).

Asimismo, que sea una tarea que se prepara fundamentalmente para adquirir conceptos a nivel defensivo, no quiere decir que no se den conceptos a nivel ofensivo y que no haya que corregirlos durante el transcurso del ejercicio. Y viceversa.

TAREAS DEFENSIVAS

EJERCICIO 1

Material	Chinos, petos, balones, miniporterías.	Tarea	Posesión condicionada.
Repeticiones	**Recuperación**	**Espacio**	**Jugadores**
		10 mts x 10mts	12 (6 vs 6)

Descripción de la tarea

Los 4 jugadores del equipo que están en posesión de balón (los rojos), tienen que moverlo lo más rápido posible hasta que consigan enviarlo a uno de los otros 2 compañeros (5 y 6 rojos). El que recibe el balón, rápidamente, toca hacia el otro compañero, quien intentará anotar en una miniportería; sumando así 1 punto. Cuando un equipo pierda el balón, este pasará al equipo rival.

Objetivos

Defensa	Basculación y mantener líneas escalonadas.
Ataque	Movilidad de balón y superar líneas de pase.

Tiempo	

Variantes	Normas
Limite, o no, de toques según la velocidad que le quieras dar al juego.	Máximo 2 toques por jugador y no salir de la zona que le delimitan los 4 chinos de su alrededor.

Esta tarea se le ha podido ver hacer a Simeone en sus entrenamientos. Es una tarea algo analítica y toca conceptos importantes como bascular y mantener el escalonamiento para cerrar líneas de pase. Es muy recomendable para automatizar mecanismos a nivel defensivo en una misma línea.

EJERCICIO 2

Material	Chinos, petos, balones, miniporterías.	Tarea	Tarea analítica defensiva.
Repeticiones	**Recuperación**	**Espacio**	**Jugadores**
		½ campo	4 (o más) contando el portero

Descripción de la tarea

El jugador (nº 2) se dispondrá a realizar seguidamente dos ejercicios para mejorar su técnica individual defensiva.
Primero, realizar un despeje orientado ante un balón al área.
Segundo, defender un 1 vs 1 bien perfilado y aguantando para recuperar el balón en el momento exacto.
De un ejercicio a otro se para rápidamente y a máxima intensidad.

Objetivos

Defensa	Basculación y mantener líneas escalonadas.
Ataque	Movilidad de balón y superar líneas de pase.

Tiempo	

Variantes

Cambiar de lado para cambiar de perfiles, cambiar de jugador atacante (sobre todo entre zurdos y diestros).

Normas

De ser posible, es mejor que en el centro haya rematadores para así, además de mejorar los perfiles y el despeje orientado, también lo harán teniendo en cuenta el posicionamiento del adversario.

Esta segunda tarea es un ejemplo de ejercitación más analítica; es decir, basado en mejorar, individualmente, los perfiles de los defensores. Se diferencia del resto de los ejercicios en los que, al ser más grupales, el aspecto táctico cobra más importancia.

EJERCICIO 3

Material	Chinos, petos, balones, miniporterías.	Tarea	Defensa en inferioridad.
Repeticiones	**Recuperación**	**Espacio**	**Jugadores**
		½ campo	8
Descripción de la tarea			
Acción de ataque 4 vs 3 más portero. Buen ejercicio para, además de mejorar mecanismos de ataque en superioridad, progresar el nivel de los mecanismos defensivos en inferioridad numérica. Los azules no tendrán normas más allá de intentar finalizar la jugada lo antes posible. Los futbolistas de color rojo replegarán y defenderán los espacios cerca del propio portero.			
Objetivos			
Defensa	Coberturas, repliegue y perfiles.		
Ataque	Cambio de orientación, movilidad de balón y finalización.		
Tiempo			
Variantes	Límite de toques o tiempo para finalizar la jugada.	**Normas**	Superioridad numérica del equipo atacante.

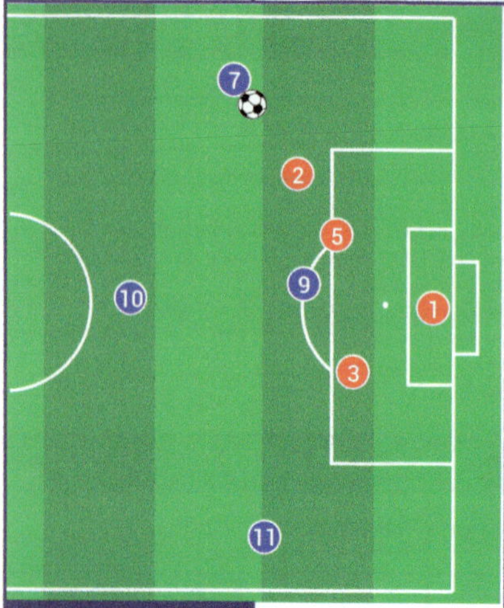

Este ejercicio es un tipo de tarea ideal para aplicar conceptos de juego tanto defensivos como ofensivos de un equipo. Resulta importante el papel del entrenador a la hora de corregir e insistir en aspectos relevantes.

TAREAS OFENSIVAS

EJERCICIO 4

Material	Petos, balones, porterías.	Tarea	Finalización.
Repeticiones	**Recuperación**	**Espacio**	**Jugadores**
		Zona área	11

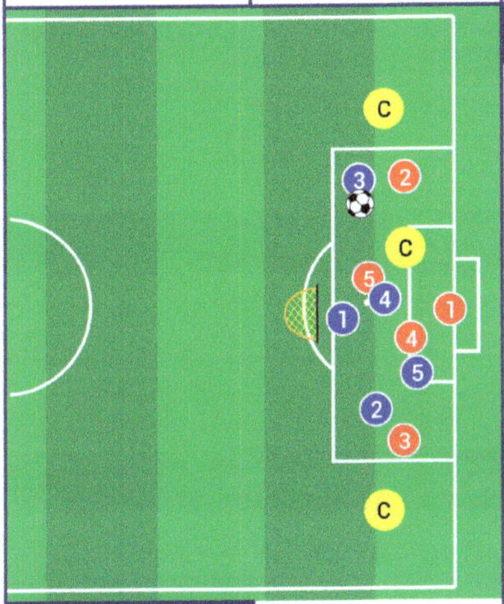

Descripción de la tarea
Partido condicionado. 5 vs 5 + 3 comodines. Lo que se busca es que haya muchas finalizaciones de jugadas; también que existan cambios de orientación, para lo cual se hará hincapié en los perfiles de los jugadores. En definitiva, atacar y defender rápido en espacios pequeños.

Objetivos	
Defensa	Basculación, defender en inferioridad.
Ataque	Cambios de orientación, desmarques, perfiles.

Tiempo	

Variantes	**Normas**
Que la jugada acabe con centro de un comodín, que no tenga que pasar el balón por ambos comodines, que haya límite de toques.	El balón tiene que pasar por los dos comodines de las bandas para poder finalizar la jugada; no puede ser mediante envíos directos de lado ni, solamente, mediante contacto de balón con el comodín del medio.

Esta tarea tiene como objetivo principal que se produzcan cambios de orientación y muchas finalizaciones de jugadas, lo cual también conllevará a la realización de muchas acciones técnico-tácticas en un corto periodo de tiempo.

EJERCICIO 5

Material	Petos, balones, porterías.	Tarea	Posesión condicionada.

Repeticiones	Recuperación	Espacio	Jugadores
		15 x 15 mts.	14

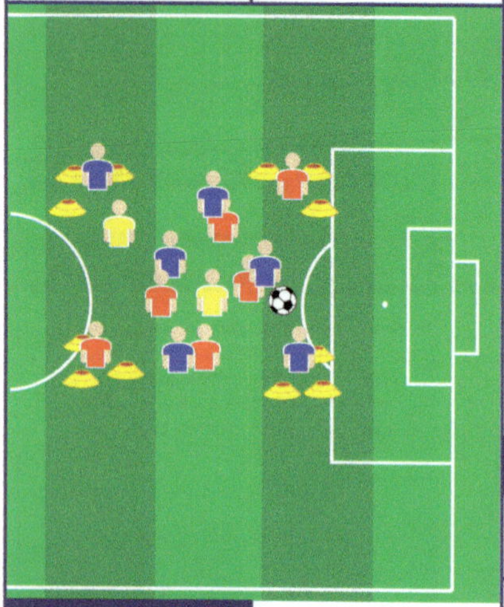

Descripción de la tarea
Posesión entre dos equipos de 6 jugadores y 2 comodines. El objetivo es mover el balón de una esquina a la otra. Cada equipo tiene dos jugadores fijos en cada esquina. Fijos porque tienen que estar situados en esa zona, pero en el momento de recibir el balón estos pasarán a formar parte de la posesión activamente y el jugador que ha dado el pase pasará a la esquina.

Objetivos	
Defensa	Tapar líneas de pase, marcaje individual.
Ataque	Perfiles, cambios de orientación.

Tiempo	

Variantes	Normas
Comodines o no, jugadores de la esquina que se intercambien o no, aumentar o disminuir el espacio de juego.	Es obligatorio que cuando el balón viene de una esquina, que el siguiente pase al jugador de la esquina sea con la del lado opuesto. El comodín no puede pasar al jugador de la esquina.

Tarea de posesión condicionada en la que se busca una relación entre el trabajo físico, técnico y táctico. Es importante cuidar cada detalle para que el ejercicio tenga un buen efecto en estos 3 aspectos de cara a la preparación y mejora de rendimiento en la competición.

EJERCICIO 6

Material	Petos, balones, porterías.	Tarea	Salida de balón y finalización.
Repeticiones	**Recuperación**	**Espacio**	**Jugadores**
		½ campo	18

Descripción de la tarea

Definimos la zona de juego en dos partes. En la primera tenemos la simulación de una salida de balón (ideal adaptarlo a tu equipo tanto en la parte ofensiva como defensiva). En este caso un 7 vs 5 (contando al portero). Cuando el equipo azul haya superado la presión y pase la primera parte delimitada del campo, se llevará a cabo un 3 vs 2 en ataque en la portería contraria.

Objetivos

Defensa	Presión (1ª parte) y repliegue (2ª parte).
Ataque	Salida de balón y finalización con las acciones técnicas recurrentes que esto conlleva.

Tiempo	

Variantes	Normas
Variantes en el juego del equipo. Al ser un ejercicio con mucha carga táctica no es conveniente añadir límite de toques ni parámetros similares.	Ninguna norma más allá de intentar simular tanto el ataque como la defensa, lo máximo posible, a nuestro equipo y al plan de partido más próximo.

Como en todas las tareas es importante tener en cuenta la condición física y las acciones técnicas, aunque especialmente en esta tarea el entrenador se encargará de insistir y persistir en el buen desarrollo táctico del ejercicio. Siempre adaptado a la idea de juego del equipo.

TAREAS DE TRANSICIONES

EJERCICIO 7

Material	Petos, balones, miniporterías.	Tarea	Partido condicionado con transiciones.
Repeticiones	**Recuperación**	**Espacio**	**Jugadores**
		1/2campo	14

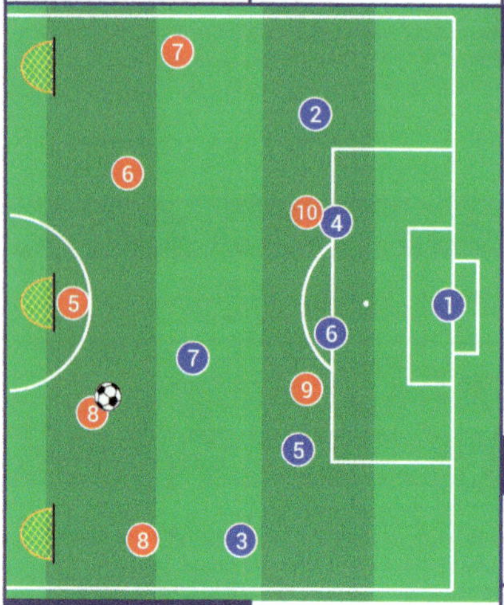

Descripción de la tarea

Partido condicionado en inferioridad numérica para los azules. El ejercicio consiste en que los rojos ataquen la portería contraria, mientras los azules defienden en inferioridad. Todo ello con el sistema propio del equipo para favorecer mecanismos entre jugadores. Cuando los azules recuperen el balón, intentarán anotar en las miniporterías, por lo que se producirá una transición defensa-ataque donde tratarán de hacer más amplio el campo. Mientras tanto, los rojos afrontarán una transición ataque-defensa.

Objetivos

Defensa	Basculación, defender en inferioridad, coberturas. Todo ello con el sistema propio del equipo.
Ataque	Cambios de orientación, desmarques, amplitud, profundidad, perfiles.

Tiempo	

Variantes

Que el balón vaya de un lado a otro, límite de toques.

Normas

No hay ninguna norma como tal, aunque si que se aconseja que el entrenador recuerde que el objetivo es avanzar en la posesión y finalizar la mayor cantidad de jugadas posibles.

Esta tarea de entrenamiento propuesta es muy completa, ya que sirve para practicar automatismos en defensa y en ataque con el propio sistema de juego de tu equipo; y, por ende, con los principios y subprincipios tácticos que el entrenador quiera proponer. Además, también sirve para replegar tras pérdida y para contraatacar tras recuperar el balón; es decir, para entrenar las transiciones.

Lo importante de este ejercicio radica en la intervención del entrenador y en sus correcciones que deberán ser precisas para conseguir el objetivo que se busca.

EJERCICIO 8

Material	Petos, balones, miniporterías.	Tarea	Posesión condicionada.
Repeticiones	**Recuperación**	**Espacio**	**Jugadores**
		10x30 mts	12

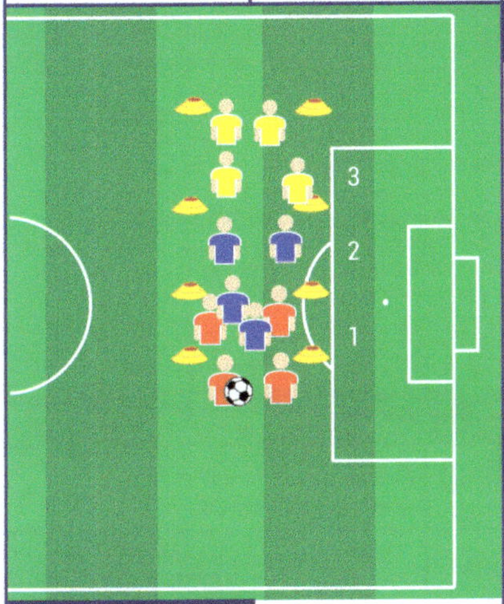

Descripción de la tarea

Ejercicio en el que distinguimos 3 equipos y 3 zonas (rectángulos) diferentes (numeradas en la imagen). En la zona 1, el equipo rojo tiene posesión de balón y cuando realicen 5 pases podrán, mediante un cambio de orientación, conectar con los amarillos. Si el balón llega a los amarillos, los otros dos azules, que estaban intentando tapar línea de pase, presionarán en el rectángulo 3. En caso de recuperación del equipo que presiona, estos pasarán al rectángulo 1 o 3 donde hayan recuperado el balón y el equipo que perdió, rápidamente, pasará a presionar. Así sucesivamente.

Objetivos

Defensa	Presión y tapar líneas de pase.
Ataque	Rápida circulación del balón, perfiles y cambio de orientación.

Tiempo	

Variantes	Normas
Sin un mínimo de pases para realizar cambios de orientación, variar los espacios en función del objetivo que persigamos.	5 pases para realizar cambios de orientación y que presionen 2 jugadores.

Tarea de posesión condicionada en la que se busca una relación entre el trabajo físico, técnico y táctico. Importante cuidar cada detalle para que el ejercicio tenga un buen efecto en estos 3 aspectos de cara a la preparación y mejora del rendimiento en la competición. Especial referencia a los perfiles de los jugadores para así poder realizar el

cambio de orientación, al propio cambio de orientación y a la presión tras pérdida. Se trata de un ejercicio muy completo y eficaz.

EJERCICIO 9

Material	Petos, balones, miniporterías.	Tarea	Rondos con presión tras pérdida.

Repeticiones	Recuperación	Espacio	Jugadores
			14

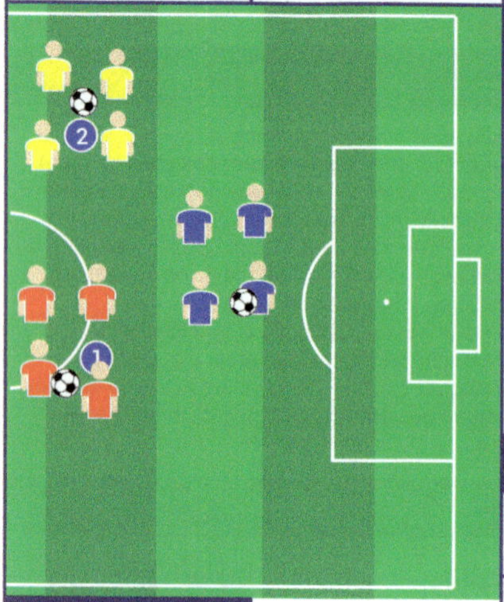

Descripción de la tarea

El ejercicio consta de 3 rondos diferentes. Ideal para calentar, ejercicio con más carga técnica que táctica. Los jugadores, aunque estén representados con distintos colores, no forman equipos diferentes. Los jugadores 1 y 2 presionan en un rondo cada uno. Cuando uno de ellos recupere el balón, pasará a formar parte de los jugadores con balón en el rondo; y el jugador que haya perdido el balón, pasará a presionar a máxima velocidad al rondo en el que no haya nadie presionando (en este caso, los jugadores de azul). Y así sucesivamente.

Objetivos

Defensa	Presión a máxima intensidad y tapar líneas de pase.
Ataque	Perfiles, controles y pases.

Tiempo	

Variantes

Sin límite de toques o con diferente límite. En los últimos minutos se puede motivar a los jugadores proponiendo un "castigo" para los dos jugadores que queden en medio de los rondos.

Normas

Si en el rondo dan 10 pases sin que se produzca la recuperación del balón, pasar a presionar a máxima velocidad a otro rondo. Límite de 2 toques.

Ejercicio ideal para realizar antes de la parte principal de una sesión de entrenamiento. Sirve para activar a los jugadores y tiene una carga lúdica.

SOBRE EL AUTOR

Manuel Olmo, nacido en la ciudad de Santa Cruz de Tenerife en España (1999). Apasionado del fútbol; antes como jugador en fútbol base federado, ahora como entrenador titulado UEFA B. Es un fiel apasionado de la táctica, por lo que se especializó en diversos Másters en Análisis Táctico y Scouting (AFOPRO), como así también en Big-Data aplicado al fútbol (UCAM).

www.ingramcontent.com/pod-product-compliance
Ingram Content Group UK Ltd.
Pitfield, Milton Keynes, MK11 3LW, UK
UKHW021830270726
14058UKWH00001B/74